再忙也要做个好爸爸

舒童◎著

天津出版传媒集团
天津人民出版社

图书在版编目（CIP）数据

再忙也要做个好爸爸 / 舒童著．—天津：天津人民出版社，2022.3（2024.5 重印）

ISBN 978-7-201-18180-6

Ⅰ．①再… Ⅱ．①舒… Ⅲ．①家庭教育 Ⅳ．① G78

中国版本图书馆 CIP 数据核字（2022）第 006256 号

再忙也要做个好爸爸

ZAIMANG YE YAO ZUO GE HAOBABA

出　　版　天津人民出版社
出 版 人　刘锦泉
地　　址　天津市和平区西康路 35 号康岳大厦
邮政编码　300051
邮购电话　（022）23332469
电子信箱　reader@tjrmcbs.com

责任编辑　郭晓雪
装帧设计　张文艺

印　　刷　天津市新科印刷有限公司
经　　销　新华书店
开　　本　710 毫米 ×1000 毫米　1/16
印　　张　19
字　　数　250 千字
版次印次　2022 年 5 月第 1 版　2024 年 5 月第 3 次印刷
定　　价　49.80 元

前 言

随着前几年湖南卫视《爸爸去哪儿》的热播，人们开始热议“爸爸该担起教育孩子的任务吗”这一话题。这是长期掌管教育事务的妈妈们在抗议吗？不是。这是人们越来越多地看到了爸爸在教育孩子中显示出来的必要性和优势。

《爸爸去哪儿》的主题曲中有这样一句：“我的家里，有个人很酷。”著名心理学家格尔迪曾说：“父亲的出现，是一种独特的存在，对培养孩子有一种特别的力量。”这里说的爸爸“很酷”、很“特别”，其实就概括了爸爸在教育中所呈现的特点和优势。

传统家庭中，大多是妈妈担任教育孩子的事务。一方面由于女人天性细腻，又长期负责千头万绪的家务，所以，女人在教育过程中显现出来的更多是事无巨细的操心、关怀备至的呵护；另一方面，她们对孩子的要求，可能更多在于让孩子遵守家庭秩序，如讲卫生、听大人的话等。母爱之于孩子像一条绵长的河流，不断地灌溉孩子这棵小树苗，给其无微不至的关心和爱护。

而在柔软的母爱之外，孩子缺少的果敢、坚强、乐观、豁达等品质，则等待着父爱来填补。爸爸是家庭中力量的代表，他是那么坚强，常能让孩子感受到一股强有力的力量；他也是“粗心”的代名词，在关怀孩子上做得不足，但也很少会挑剔孩子；他像一个威武的雄狮，自信、勇敢、豪爽，总能以一种特别的方式激起孩子的兴奋；他有时还像一个大男孩，爱玩、会玩，和孩子玩起来也总是不相让……而正是爸爸的这些特点，让孩子在与他相处的过程中，感染到他的力量和自信，被他的豪爽和幽默打动，会因为他的“不相让”而更懂人生的规则，在不被宠溺的环境下快速成长。爸爸赋予孩子的这些品质，是其他家庭角色赋予不了的，也是孩子必不可少的。

然而，由于社会分工的不同，绝大多数的爸爸长期处于工作状态，陪伴和

教育孩子的时间寥寥可数。我国的一项调查显示：50%的爸爸一天之中与孩子互动的时间不到1小时；30%以上的爸爸忙于工作，根本无暇顾及对孩子的教育；20%以上的爸爸认为陪伴孩子不重要。这种爸爸很少陪伴孩子的现状，直接导致了一个非常严重的问题：很多家庭的孩子正在遭遇"父爱缺失"。美国前总统奥巴马在一次父亲节演说时说："父爱缺失在孩子心中留下的空洞，任何政府都无力填补。"这也给所有的父亲敲响了警钟：无论工作多忙，都要抽时间来陪伴和教育孩子。

长期不和孩子相处的爸爸们，在突然间与孩子长时间接触的时候，会发现自己对孩子其实并不了解，不知道该怎样教育和关心孩子。这本书介绍了孩子各年龄段的身心特点，阐述了孩子在成长过程中需要从爸爸那里吸收的品质、素质，以及爸爸怎么做才能最好地将爱和教育传递给孩子。

天下父爱都是一样的，爸爸在读书中的亲子故事、感受名人对孩子的父爱时，也会从中学到很多具体的技巧和符合孩子成长规律的教育方法。另外，本书中还列举了大量真实、科学的数据以及经典的案例，还融合了教育专家和心理学家总结出来的诸多理论。

汇总种种，都是为了让天下的爸爸们更好地爱孩子，更好地教育孩子。孩子是爸爸生命中最好的礼物，而爸爸对孩子优质的教育，则是爸爸给孩子最珍贵的礼物！

祝愿天下所有的爸爸和宝贝，都能在浓浓的爱中，活出各自的精彩！

目 录

第三章 立榜样

身教胜言传，优质老爸的孩子有好习惯

第四章 给空间

忙里偷“懒”，给孩子自由发挥的空间

..........第五章 .... 交朋友

亦父亦友，忙爸爸和孩子沟通零距离

..........第六章 .... 当玩伴

变身老“玩”童，可爱老爸带出聪明孩子

再忙也要做个
好爸爸

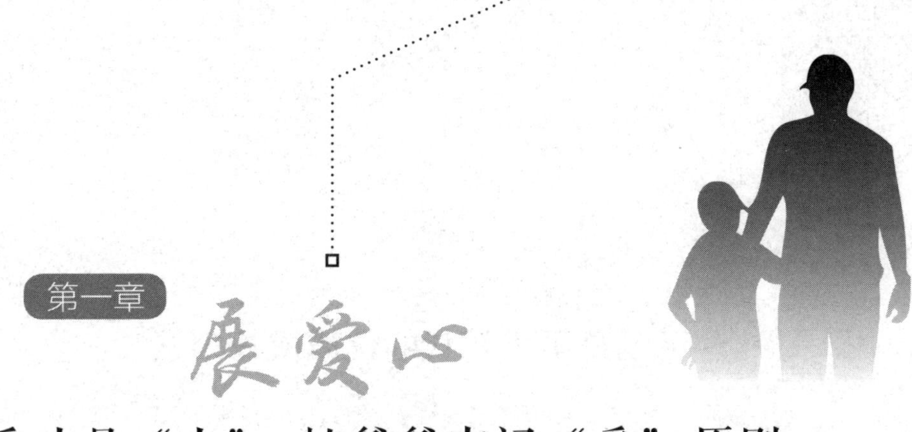

第一章 展爱心

有爱才是“山”，忙爸爸牢记“爱”原则

升级为爸爸的你，当然对自己的宝贝有着无尽的爱。然而同时也是职场人士和商务人物的你，可能因为过于忙碌，很少将这份爱表达出来。或许你觉得孩子得到妈妈和祖辈的“示爱”已经足够，自己只要担当起保护孩子的责任即可。但从今天开始，请务必转变这种看法，因为父爱之于孩子，绝对是无可替代、无比重要的。父亲不要爱得太沉默，请将你的爱说出来、表现出来。

……第一节………………

父爱是不可替代的优质成长因素

长久以来，由于社会分工的不同，男人更多时候是在外打拼，女人则肩负起照顾家庭的责任。在两人的爱情结晶——孩子出生之后，教育孩子的任务自然也更多地落在了妈妈身上。爸爸呢，继续忙于事业，和孩子的沟通仅限于回家之后逗逗他、陪陪他。忙爸爸们几乎没有“闲情雅致”对孩子说“爱”，也很少通过行动来表达爱，担负起教育孩子的重任。

也许在很多家庭看来，抚养一个孩子长大，重要的是要有一定的物质环境和家长的照顾，而照顾和教育孩子的重担主要在妈妈身上。因此，很多孩子长期得不到父爱和父亲的教育，这就成了许多家庭的现状。

但是，这样真的是对孩子成长最有益的状态吗？当然不是。父爱之于孩子，不但是必不可少的，也是无可替代的。要想让孩子有一个健康的成长环境，只有来自妈妈的照顾和教养远远不够。心理学家指出，在一个家庭之中，爸爸是独特的存在，对培养孩子有着特别的作用。缺少或者失去父爱是人类情感发展的一种缺陷和不平衡，会严重影响孩子的生理与心理的成长。

为什么父爱对孩子有这么大的影响？我们从以下几个方面来分析。

★ 爸爸的爱能给孩子无穷的力量

爸爸在家庭中是个相对特殊的存在，他身上不仅有家庭所需要的爱和温柔的元素，还有面对社会时必须具备的刚强、坚毅、乐观、豁达。而在孩子的成长过程中，他们更多的是靠模仿大人来建立自己的个性、人格和性情。当孩子受到更多来自爸爸的强有力的感染时，孩子的性格自然也会坚强、豁达一些。长期缺乏父爱的氛围，孩子容易形成胆小懦弱、蛮横暴躁、优柔寡断的性格。

各国儿童心理健康专家都曾对与日俱增的"父爱缺乏综合征"投以关注的目光。他们的研究和调查显示，即使孩子处于朦朦胧胧的婴儿期，缺乏父爱也会导致各种不适症状，如烦躁不安、夜哭不眠、食欲减退、抑郁易怒等。而缺乏父爱的孩子年龄越小，罹患综合征的危险就越大；另外，男孩的危险比同龄女孩高1～3倍。更令人意外的是，在双亲俱全但缺乏父爱的家庭中长大的孩子，患上"父爱缺乏综合征"的可能性更大。

另外，还有数据显示，少年时缺乏父爱的中学生，辍学率比一般孩子高2倍，犯罪率也高出2倍；如果是女孩，长大后成为单身母亲的可能性比一般女孩高出3倍。

看到这些真实而骇人的数据，想必爸爸们一定会为自己曾经的行为而后悔，为孩子是否受影响而担忧。其实，明白这些永远不算晚，从现在开始关爱孩子，并通过话语和行动将自己的爱表达出来。

★ 爸爸爱孩子的方式与妈妈完全不同

爸爸的爱对孩子来说是不可替代的，这是因为爸爸和妈妈爱的方式是完全不同的。妈妈的爱更多地倾向于保护和照顾，而这单一的目的往往决定了妈妈教育方式的单一和枯燥；爸爸的爱则不同，它或许有点粗野、狂放，但它变化多样，能给孩子带来更多的新鲜感和兴奋感。

实际上，孩子在襁褓时期就已经需要并渴望父爱了。孩子出生第二个星期后，大多数婴儿就已经开始留意爸爸的嗓音，甚至模仿爸爸举手、伸手等简单动作。孩子稍大一点时，更是会对与爸爸进行的特殊游戏——如上抛、使劲拥

抱、快速奔跑等情有独钟，同时也能从中体会到爸爸的阳刚之气。

从这一方面来说，爸爸们应该投入更多的时间来陪伴孩子，尽量把更阳光、更有爱的一面展现出来。这带给孩子的并不仅是一时的高兴，更是一生的好性情。

★ 爸爸一句话的效应是妈妈的50倍

教育孩子的过程中少不了爸爸，还在于对孩子一些行为的教导和修正上，爸爸的一句话往往比妈妈的有效得多。生活中我们经常见到这样的场景：对于同一件事情，妈妈苦口婆心地说了很多次都没用，爸爸只说一句就见效了。这是因为，相对于妈妈的感性和温柔来说，爸爸的话语更加理性、掷地有声。对于爸爸的指点，孩子既信服，又有点害怕，因此往往能立刻照着去做。

> 心理学家经过研究发现，作为孩子生命中最重要的人之一，父亲对孩子的影响远远高出母亲；同样一句肯定的话如果是爸爸说出来，对孩子的影响力会是妈妈的50倍。妈妈对孩子的影响更多表现为能否成为一个独立的人，而爸爸则能塑造孩子对生命的看法，关系到其人格的形成。

因此，千万不要觉得在教育孩子方面，只要有妈妈做了，爸爸就可以不做。而是要尽力将教育孩子的责任多扛起来，这样教育孩子的效果才更有可能达到最佳。

总之，爸爸对孩子的爱和教育必不可少，并非只是在外面努力打拼、给他们一个富足的物质环境就可以替代的。爸爸们必须认识到，在孩子的成长过程中，自己是万万不能缺席的。无论如何，都要让自己的爱始终灌注孩子的成长过程。

【忙爸爸一分钟教子金句】

英国著名教育家斯宾塞说：“父亲，是孩子通往外部世界的引路人。在教育孩子的过程中，无论是性格培养，还是情感教育，无论是知识训练，还是道德品质的培养，父亲都产生着巨大的影响。”

……第二节……………………

“严父”过时，有爱才男人

某网站曾经做过这样一项调查，内容是“你小时候对父亲最主要的感觉是什么”。调查结果中，有65.1%的网友都觉得自己的父亲很严厉，很怕他；甚至有22%的网友表示，小时候经常挨父亲打，但是敢怒不敢言。相对地，只有19%的网友表示父亲很爱自己，使自己有一个很幸福的童年；另外15.8%的网友则表示崇拜自己的父亲，觉得父亲就是什么都懂的百科全书。

相信世界上每一个爸爸都深爱着自己的孩子，当然也希望孩子眼中的自己是慈爱的、博学的、有耐心的。但或许是被“严父慈母”的传统所影响，以及事业上的忙碌和压力所致，很多爸爸在家里并不经常表现出自己有爱的那一面，总是以严肃的面目示人。爸爸们也许认为这“无伤大雅”，甚至觉得严厉有助于树立威信，对孩子的教育有利。殊不知，成长在爸爸过于严厉的家庭中的孩子，往往会因此受到诸多负面影响。

第一，爸爸过于严厉，会影响孩子优良个性和品质的形成。一般来说，爸爸在日常生活中会更多地表现出一种社会性，在爸爸的角色中，孩子可以感受到作为群体中人所应具备的一些品质，比如独立、坚强、果断、勇于冒险和克服困难、富有合作精神等，这使得孩子能够快速从个体成长为一个社会人。如果爸爸过于严厉，则可能会使孩子具有较多的依赖性，缺乏自信和进取心，同时难以很好地控制自己的情绪，在道德品质方面的发展也会受到不同程度的影响。

第二，影响孩子对自己的性别角色的认同。在爸爸对孩子的影响之中，性别角色是最突出、最深刻的一面。爸爸平和、积极地和孩子交往，有助于孩子对性别态度有一个积极、恰当且灵活的理解。健康的父子关系中，爸爸不仅为男孩子提供模仿和学习的对象，也为女孩子掌握女性角色提供重要参考。有研究表明，男孩在4岁前如果经常接触爸爸过于严厉的一面，那么其在性别角色中会倾向于女性化；到了少年后期，他们则会表现出过度男性的倾向，如争强好胜、攻击性强等，似乎在有意抵御自身"缺乏男子气"的弱点。

第三，影响孩子的人际关系。爸爸对孩子过于严厉，可能会影响孩子和周围人的关系。这主要有两种表现：一是孩子从小在权威的压制下长大，习惯了服从命令听指挥，总是一副没有自我的样子；二是学会了爸爸与人沟通的方式，总是对别人命令呵斥、大呼小叫，永远一副目中无人的样子。无论是哪一种，都会对他的人际关系产生不利影响。

如今爸爸们应该追求做一个有爱的父亲，展现温柔并不会让你失去男人的阳刚，反而会让你看起来更男人，这对你孩子的成长极为有利。

★ 宽容地宠爱孩子，爸爸和孩子的感情更融洽

很多爸爸觉得对孩子严厉一些是为他们好，因此总是对孩子很"残酷"：孩子做不完的事情，爸爸会呵斥他们做完；孩子走路时体力不支，爸爸大多会让他们坚持，而很少将孩子宠爱地抱起来；甚至在孩子实在吃不完饭时，爸爸也会教育他们不许浪费粮食，让他们勉强将饭吃完……

爸爸总觉得对孩子严格要求是为了孩子好，实际上却在无形中拉开了和孩子的距离；孩子会在这些小事中逐渐加深对爸爸的恐惧，从而疏远爸爸。因此，爸爸不妨放下严厉的面具，适当对孩子宠爱一些，或许你的角色会少一些威慑力，但你在孩子心中的形象会更加亲切。

在《爸爸去哪儿》栏目中，张亮的儿子天天每次在赶去集合的路上，都要上演一番"困和累"的戏码，走不了多久就会嘟囔自己走不动。张亮从没有因此责怪过天天，而总是一把将天天扛起来，用特殊

的“扛抱”方式带着天天前进。天天每次趴在爸爸的肩上总是很开心。而在整个拍摄过程中，也可以看出，张亮对天天的疼爱使得他们彼此的感情更加深厚。

可见，适时疼爱孩子、宠爱孩子，并不会折损爸爸的“男子气概”，反而会让你显得更男人，更有爱。

★ 不强制孩子听自己的，更有利于孩子的性情发展和天赋开发

很多爸爸觉得，自己在家中必须要有权威，如果给孩子过多的自由，孩子就不能健康成长。但事实并非如此，孩子的健康成长需要五大自由：看、听、感受、幻想以及情绪的释放。如果爸爸总是喜欢用自己的判断去取代孩子的判断，不给孩子思考和决定的自由，也不允许孩子表达自己正常的情绪，那么孩子的心理防御系统就会形成这样的认知：自己总是在犯错、不如别人。如此一来，孩子自然会变得自卑、怯懦，甚至发展成社交恐惧。

在良好的家庭中，只要爸爸认为不会影响孩子身体健康的事情，他都会鼓励孩子去听、去看、去感受，然后再从成年人的角度帮助孩子正确地认识事物。这样，爸爸和孩子之间很容易形成良好的亲子关系。另外，孩子的性情往往也更加圆融豁达，孩子身上的很多天赋在这种教育环境下也更容易被发掘出来的。

在这一点上，爸爸一定要对孩子更加宽容一些，尽量避免“家长制”的作风，让孩子能够自由发挥、自由感受。他想去观察蚂蚁、看毛毛虫，就让他不受打扰地看个够；他挨训、挨打了想哭，就不要逼他强忍着；他想出去玩，就别总拿学习来管制他。当身为爸爸的你真的能这样做时，那么，你不仅会成为非

常受孩子喜欢和爱戴的爸爸，还会成为一个能教育出优秀孩子的成功爸爸！

【忙爸爸一分钟教子金句】

爸爸的爱，是一个人幸福童年的重要组成元素；而童年的感受，往往会影响一个人的一生。爸爸要想给孩子留下一生的美好印象和正面影响，就要适时收起严厉，以爱示孩子。

……第三节……

好爸爸有“三爱”——爱家、爱妻、爱孩子

每个身为人父的人都想成为孩子心目中最棒的爸爸，那么，怎样才能做到？有的爸爸也许以为，事业上的成功能让孩子崇拜自己，把自己当作偶像，给孩子提供物质上的丰足，孩子对自己的感情就会深厚，愿意亲近自己。但事实并非如此。著名教育家理查·伊凡斯曾经说过：“孩子不会因为你供应的物质而记得你，他们会因你珍爱他的感觉将你牢记。”也就是说，对孩子来说，相比物质的丰盈，他们更看重的是你的爱和陪伴。

有一个地产商，他将自己的生意经营得非常红火，相应地，他的时间也几乎都花在了生意上，不仅无暇顾及儿子的学习和生活，甚至常常一个礼拜都无法见上儿子一面。为了弥补自己心中的内疚，他总是塞给儿子大把零花钱，无条件答应儿子提出的物质要求。尽管如此，他仍然感觉儿子对自己并无感恩之心，甚至不怎么喜爱。

一天深夜，他正在公司召开紧急会议，突然接到派出所的电话——儿子出事了。他急匆匆地赶到派出所，才知道儿子和同学打架。他生气地敲着儿子的头，恨恨地说：“你为什么不能让我省心？我每天四处奔波给你挣钱，你要什么就买什么，你到底有什么不满意？”

这时，儿子的反应出乎所有人的意料。他抬起头，冷冷地看着父亲说了一句：“我需要的是你的关心，你却用钱来打发我，我怎么能满意？”父亲顿时语塞，一股巨大的愧疚之感涌上心头。

可见，一味追求事业上的成功，并不能将爸爸变成孩子心中的“伟人”；让孩子感受到足够的爱，你才能成为一个最棒的爸爸。

怎样体现爸爸的爱？有三点功课要做足，就是爱家庭、爱妻子、爱孩子。

★ 爱家庭：家一定要排在事业前面

能让孩子体会到安全感和爱的基本前提是让他感觉到爸爸爱这个家。如果爸爸总是因为忙事业而长期在外奔波，很少惦记家，那么孩子就会产生“爸爸最爱事业，家只是他暂时休息的地方”的感受。这样一来，孩子当然无法体会到你的爱。所以，别总是围绕着事业忙碌，适当也要为家庭留出一些时间。

1. 不要总是“神龙见首不见尾”，把时间全花在公司的业务上，情况允许的话，把在家里的时间延长，要让孩子感觉到家对你来说很重要。

2. 在家的时候尽量不要总是做工作上的事情，更不要总在孩子面前谈论工作。如果想聊天，重点应该放在倾听，或者聊一些孩子想聊的话题。

3. 别拿家事不当回事，一谈起工作来就滔滔不绝。这会让孩子觉得家在你心中没什么地位。要记住，家人的事情很重要，要主动关心、主动承担，千万别在家当个“甩手掌柜”。

★ 爱妻子：父母关系和谐的孩子更快乐

父母之间的关系，会直接影响孩子对这个世界的认知。因此，如果想让孩子生活在充满爱的环境里，非常重要的一点就是要爱自己的妻子。父母关系和谐，孩子才不会被担忧和恐惧侵扰，才能轻轻松松、快快乐乐地成长为一个更加有爱心、懂得理解和帮助别人的人。

德国著名的教育家卡尔·威特，就生长在父母关系和谐的家庭中。正是父亲对母亲那份无微不至的关爱和尊重，使得卡尔非常敬爱和崇拜他的父亲；并且他长大后也和父亲一样，成为一个懂爱、爱家庭的男人。

卡尔在自己的书中记录了这样一段话："我总是看到父亲对母亲无微不至的照顾，他和母亲很少发生争执，即使偶尔有重大事件发生，父亲也总是耐心地和母亲沟通，这种关爱数十年如一日，他们之间的感情从没有因为时间而发生变化。在我8岁的时候，母亲生过一场大病，父亲日夜守候在母亲身边。我随时都能看见父亲拉着母亲的手，眼里噙满了泪花。就在那一刻，我生平第一次学会了爱与忠诚。父亲对母亲的爱和真诚感动了我，在他的影响下，我也学会了用行动表达自己对母亲的爱，以及从细微之处去关心别人。"

可见，一个丈夫对妻子的这份温暖和令人感动的爱，会深深感染自己的孩子，不仅让他如沐浴在爱的海洋之中，还能潜移默化地影响他也成为一个有爱、懂爱、会表达爱的孩子。因此，无论有多忙，都不要忽略和妻子的沟通，要关爱、尊重妻子，并时常将爱表达出来。比如，下班后询问妻子今天发生的事情，帮妻子做一些粗重的家务活，给劳累的妻子揉揉肩，在妻子不开心的时候安慰她等。

★ 爱孩子：让孩子感受爱的最直接方式

当然，好爸爸最重要的标准就是爱孩子。爱孩子的方式有很多种，爸爸们往往喜欢将它隐藏在沉默之中，如果爸爸恰好又很忙，那么这份爱再浓再深，也难以让孩子感受到半分。因此，爸爸对孩子表达爱的最好方式，就是让孩子能够直接感受到他的爱。

其一，用言语直接表达对孩子的爱。忙爸爸们在外时被工作牵着鼻子走，往往忙得昏天暗地，无暇想孩子的事情；但年幼的孩子大部分时间都闲在家里，总是在盼着心爱的爸爸快点回家，盼着知道爸爸是否也如此想念自己。因此，忙爸爸们表达爱的必要环节，就是下班回家之后第一时间告诉孩子，自己“想他、爱他”。

其二，爸爸和孩子的肢体接触很重要。年幼的孩子需要安全感，需要通过肢体接触来感受父母对自己的爱。爸爸回家之后千万别嫌累，给孩子一个大大的拥抱，或者和他依偎在一起看看电视、聊聊天，这都是展现爱意的最直接方式。

对于一个“好爸爸”来说，这“三爱”是缺一不可的。只有三者都做到的爸爸，才能给孩子满满的爱的能量，让孩子毫无心理负担、轻松愉快地长大。

【忙爸爸一分钟教子金句】

当爸爸的爱反映在行动中时，他的一言一行会深深打动孩子的心，在孩子幼小的心灵里埋下爱的种子。这样，孩子才能成长为一个既爱爸爸又爱身边人，既爱生活又爱自己的优秀孩子。

……第四节…………………

爱重在实践，别总开“空头支票”

每个爸爸对孩子的爱都无须怀疑，不过是否每个爸爸都能兑现自己爱的承诺，就值得探讨一番了。试着回想自己和孩子的交流，是否多次出现过这样的状况：你经常说自己很爱孩子，孩子却不那么亲近你，甚至会抗议地喊出“你不爱我”；你经常给孩子许诺，却一次又一次因为各种原因不能兑现；你每次在训斥孩子之后都发誓不再怒目以对，下一次却又做出同样的粗鲁举动……如果你的答案是肯定的，那么可以说，你只是一个给孩子开了“爱的空头支票”的爸爸，你并没有为此付出实际行动。

也许你会说，即使你有时无法完成答应孩子的事情，有时对孩子凶，不过都不是自己的本意，但如果你的爱总以这种方式表达，或者总隐藏在这些行为的背后，那么它们无疑将破坏孩子内心对你的感受。孩子接收到的是无所谓和冷漠。试问，长期怀有这种感受的孩子，怎么能体会到爸爸的爱呢？又怎么能爱爸爸呢？

可见，无论有多忙，都别忘了自己给孩子开的“爱的支票”，一定要抽些时间、花些心思不打折扣地去兑现它。

★ 用心关爱孩子，了解孩子的内心需要

爸爸爱孩子最能爱到点子上的做法就是关注孩子内心的需要，并尽可能去满足那些合理的要求。很多爸爸经常站在自己的角度上去理解孩子的需要，以为多给孩子一些零花钱、多买一些玩具就是满足了他的需求。这虽然不是“空头支票”，但也并没有兑现“爱的承诺”。

没有关注孩子的需要，爸爸所给予他的就是错误的，就好比喂兔子吃肉一样——即使是把自认为最好的给了它，它也不会开心。因此，爸爸兑现爱的承诺，一定要“对症下药”，别让自己的“支票”打了水漂。

一般来说，孩子渴望的父爱体现在以下几方面：

1. 和自己谈天，在谈话中感受爸爸的博学，并从中学习知识；

2. 爸爸能够时常陪伴自己，不管是室内活动还是室外活动；

3. 爸爸能经常和自己玩游戏，舍得为自己花时间；

4. 爸爸懂得自己的想法和情绪，关心自己的内心感受。

如果爸爸们能从以上几个方面努力，相信和孩子的关系一定会和谐融洽，让孩子感觉到自己的爱。

★ 答应孩子的承诺要尽力兑现

爸爸对孩子的爱是否在行动上做到了，最简单的一个判断就是答应孩子的事情有没有做到。如果爸爸总是一高兴就随便承诺，做不到就随便推掉，那么孩子肯定会觉得你不重视他、不爱他。

这就要求爸爸们在许诺之前要考虑清楚，许诺之后要排除万难去执行。孩子的内心很单纯，或者说比较“认死理”，你是否遵守承诺，将直接影响你在他心中的印象和地位。

★ 爱孩子大过自己的爱好

爱孩子还有一个很重要的表现，就是不要随便让孩子为自己的爱好“让位”。

大卫有一个 7 岁的儿子凯利。有一天闲来无事，他开始教儿子怎样使用瓦斯驱动的割草机割草。当他正示范如何在尽头将割草机掉头时，他的妻子走过去问了他一些事情。当大卫转身回答问题时，凯利把割草机推到草坪边的花圃上——所过之处，大约 2 尺宽的一条花圃已被夷为平地！

大卫失控了，他花了一大把时间费力地侍弄着这些令邻居们羡慕的花圃，现在却在几秒钟之内被儿子毁掉了。他提高嗓门，大声地训斥凯利。就在这时，妻子很快走到他身边，把手放在他的肩膀上，说：“大卫，请记住——我们在养小孩，不是在养花！”

由于男人的性情相对来说容易急躁，因此，许多爸爸都很难在发生“重大事件”的时候保持冷静。比如，当孩子打翻鱼缸，“晒”死了自己最喜欢的鱼的时候；当孩子在家里雪白的墙壁上画画的时候；当孩子弄脏了自己最喜欢的衣服的时候。有时甚至并非“重大事件”，例如孩子打翻水杯把水洒得到处都是，或者不小心摔坏了一个碗，撕坏了报纸的一角，此时，有些控制不住情绪的爸爸，往往会对着孩子摆臭脸，甚至训斥、打骂孩子。而这类爸爸通常又会在事情过后为自己的行为感到后悔。然而，事后的后悔无济于事，因为之前的行为和态度已经在孩子的心中留下了不小的伤害。孩子非常在乎爸爸对自己的态度，如果爸爸经常因为其他的东西而生自己的气，孩子就会理所当然地认为自己在爸爸心中不如那些东西。久而久之，自然会认为爸爸不爱自己。

这就告诉天底下所有的爸爸，无论孩子破坏了你多么心爱的物品，只要孩子不是故意毁坏，都应该尽量压住自己的怒火，不要一味责怪孩子。为人父，必须要懂得孰轻孰重，应该明白，孩子的自尊和感受，远比那些已经被损坏的物品有价值，更值得保护。

忙爸爸们或许没有那么多时间来维护和孩子之间的感情，但如果能将这几点牢记于心，那么对孩子付出的爱，将会高效率地投射到他的心中，成为彼此亲密的桥梁。

【忙爸爸一分钟教子金句】

埃斯库罗斯曾说:“小小孩儿的内心就是他的上帝。”爸爸们如果想做孩子心目中的“上帝”，方法就是抓住他们的内心，通过实际行动，把爱传递到他们的心中。

……第五节……………………

留心孩子的想法，适时在细节中体现爱

或许是因为男人天性比女人粗心，或许是男人在外面耗费了过多的时间和精力，大多数爸爸在回家之后可能不会如此细致地照顾孩子。甚至有很多爸爸认为，这些细枝末节的事情应该由妈妈来做，如果自己来做这些事会显得太“娘”。其实这种想法是错误的。对于孩子来说，他分辨能力较低，感知细节的能力很强。他才不会思考“爸爸是个粗枝大叶、包揽大事的男人”，自发地接受和原谅你的“不细心”，在他的感受中，你对他的忽略，就代表着你没那么爱他。

所以，爸爸们要抛却原来的观念，收起自己那带有“大男子主义”的思维，在适当的时候做一个细心的奶爸。当你真的用心照顾孩子、爱护孩子时，你会发现，爱意会在这个过程中传遍你和孩子的心头，你会逐渐爱上这种细小却洋溢着幸福的付出。

★ 用心呵护，小细节体现爱

即使当妈妈的已经全权担负起照顾孩子起居的主要责任，爸爸也不要理所当然地置身度外，更不要表现出“这不是男人该做的事”的姿态，这只能让孩子对你渐渐敬而远之。

爸爸们除了能用宽厚的身体为孩子遮风挡雨，也应该经常用自己虽不灵巧却充满爱的双手为孩子做以下事情：

耐心地给孩子穿衣服穿鞋，帮孩子戴好手套、帽子；

孩子饿了，不是打电话叫外卖，而是下厨给他做一顿或许并不十分美味的饭菜；

擦干净孩子吃冰激凌时弄脏的嘴角，像妈妈一样唠叨两句；

偶尔为女儿扎可爱的辫子，带儿子理个帅气的发型；

……

就像那些独自带着孩子出去旅游的明星爸爸们一样，如果你也能将这个看作自己的责任，给孩子细小、周到的照顾，相信你的孩子也会像《爸爸去哪儿》中的宝贝们一样，非常珍惜这来之不易的和爸爸相处的机会，格外依赖爸爸、爱爸爸。

★ 留心孩子的想法，不时给他爱的惊喜

我们经常在言情剧中看到这样的桥段：女主角不经意间说出一样自己喜欢的东西，男主角暗暗记在心里，不久就为她送上了这份礼物。这时，女主角通常都会感动得无以言表、眼眶微湿。

其实，男人在初谈恋爱时的用心，也应该用到自己的宝贝身上。小孩子的触角是很敏锐的，他们的内心感知幸福的能力很强，当他们不经意的一句话被你牢牢记在心里，并且真的给予一份惊喜时，孩子除了获得心爱物品的喜悦，更会感觉到你的用心以及他在你心中的分量。如果你能坚持这么做，相信孩子和你之间的爱定是牢不可分的。同样，孩子也会逐渐被你细心、有爱的态度感染，会以同样的方式来关注你、关心你。正如美国耶鲁大学儿童研究中心专家诺得哈斯所说：“给孩子送礼物不是送物品，是表达家长的一片爱心，是教育引导孩子的一种辅助手段，有时能收到意想不到的效果。”

★ 细心记录孩子的成长，定格幸福时刻

有位爸爸，自从女儿出生后，每一年她生日这天，都会给女儿写一封信。信中写满那年中她身上发生的小故事、艰辛与欢乐、她人生中的重要问题，甚至世界大事、各种杂感等，加上一些照片、礼物、报告卡等，还有各种形式的纪念物品。

当信写好、所有的宝贝放进信封时，他就把信封封起来。信封上写:“茉莉安的爸爸在她第N次生日时给她的每年一信——她21岁时可以打开。”

时间就这样慢慢过去，这位爸爸在坚持不懈地做着这件事情。而女儿慢慢长大，也知道了爸爸为自己做的事。慢慢地，对于一些带有童年记忆的物品，女儿也会要求把它们放在周年信中，这样她就可以永远保留它们。

有一天，爸爸和女儿一起闲聊，聊到将来女儿会做什么。爸爸随口说:“21岁那年，你将从大学毕业，开始自己新的人生旅途……”

“不，”女儿打断他，“我会忙着读你的信！”

每个生命诞生之初，爸爸们也许都有记录宝贝成长过程的念头，但或忙于工作，或苦于记录太烦琐，爸爸们慢慢都放下了这份热情。有的爸爸也会认为，即使记了将来孩子也不一定会感兴趣。殊不知，孩子其实会将它看得非常重要，因为它承载着爸爸满满的、细心的爱，是一份无价之宝。

凡是爸爸们一闪而过的爱的小念头，都可以大胆地去做，要相信，它会成为你和孩子之间一个美妙的回忆。

【忙爸爸一分钟教子金句】

来自爸爸的细节之爱之所以宝贵，是因为它们发生的频率很低，要源于很深的爱才能做出来的。因此，对于孩子来说，这份爱才更是无价的、令人向往的。

……第六节……………………

正面管教，孩子不会抵触

爸爸们严厉的教育方式有时会让孩子产生“爸爸有时不爱我”的错觉。粗暴、严厉的态度甚至会对孩子产生很大的负面影响。那么，总是忙于工作、有时难免粗心地忽略自己态度的爸爸们，应该从哪几个方面去努力改变自己的“粗暴”呢？

★ 切记不要打骂孩子

有些爸爸有时会控制不住自己，以打骂的方式来教育孩子，甚至认为不打不骂便教育不出好孩子。实际上，打骂对孩子起不到良好的教育作用，相反，只能带给孩子伤害。

据美国新罕布什尔州大学的一项调查显示：孩子受到父母的打骂之后，心理会受到极大的伤害。那些经常遭受体罚的孩子，往往表现出更爱闹事、脾气更暴躁的性格；他们欺负同学或者比自己更小的孩子的概率，要比一般孩子高出4倍；他们更喜欢与老师和父母作对；另外，如果每周被打骂两次以上，孩子将会有撒谎、偷东西等更加叛逆的行为出现。

更加值得注意的是，就算遭受打骂的孩子在事后得到关爱，他们心中所遭受的伤害也无法得到补偿；即使动粗的父亲事后道歉，孩子的心理创伤依然存在。

这无疑给那些遵从“棍棒底下出孝子”的爸爸提了一个醒：当孩子的言行不正确时，或者没有按照自己理想方式去做时，一定要先压制住自己的怒火，试着去了解孩子的感受和出发点，然后再用易懂的沟通方式，让孩子认识到自己的错误。

另外，尤其要提醒爸爸们的是，如果孩子犯的是无心之错，比如不小心把水洒到了床上；或者是能力不及导致的小事故，比如力气不够大的孩子打破了沉甸甸的盘子；在这两种情况下，爸爸不仅不能打骂孩子，也不能对孩子有丝毫的责怪。否则，会让孩子丧失信心，在以后做事的时候畏首畏尾，更容易把事情办坏。

★ 时刻提醒自己，打骂只会把孩子推向歧途和深渊

之所以有很多爸爸选择用粗暴的方式来教育孩子，是因为他们觉得自己一发怒、一动手，孩子就会被震慑，会因为害怕而改正自己的错误。也就是说，在他们看来，这是有效且快速的方式。但事实恰恰相反。据有关专家研究表示，一旦你用了严厉粗暴的方式对待孩子，他或许一时会因惧怕而听从，但实际上，这会让他内心形成一种“免疫”，下一次你再想用同样的方式去教育他，就会不奏效，你只能把嗓门提得更高、话说得更狠、手下得更重。虽然你用更粗暴的方式“解决”了眼前的问题，但孩子内心的仇恨、叛逆情绪会快速滋长。久而久之，孩子的行为会越来越叛逆，对父母教育的服从程度会越来越低，很多孩子甚至会从此走上暴力、仇视社会的犯罪之路。

总而言之，爸爸们要记住，如果你很忙，宁可暂时不参与对孩子的教育，也千万不要试图用粗暴的方式来快速解决问题。这并不能解决问题，只能制造更严重的问题。

★ 学会对孩子进行正确的惩罚

美国总统里根从小就有很强的好奇心。一天，他误杀了爸爸最心爱的宠物。他的爸爸很生气，但没有打骂他，只是将被打死的宠物制成了标本。里根长大后，每当看到这个标本时，都会回想起此事。他经常说，很感谢爸爸通过这种方式来惩罚自己，而不是打骂。

巧妙惩罚，在不动粗的同时达到教育孩子的目的，方法有很多种。比如，让孩子自己通过劳动攒钱，为打碎的花瓶买单；让孩子每天整理家务，以惩罚他总是将家里弄得脏乱；让孩子体会被欺骗的滋味，以惩戒他的撒谎行为……

总之，如果孩子真的做错了事，一定有很多种方法让他认识到自己的错误，从中吸取教训。爸爸们也应该以此为最终目的，采取一些更利于孩子反省的方法，而不是一味打骂。

【忙爸爸一分钟教子金句】

每个孩子都是一株成长中的树苗，如果长歪了，爸爸最好的应对方法是修正，而不是粗鲁地砍倒它。粗鲁行事，永远只会让事情转向恶性的一面。

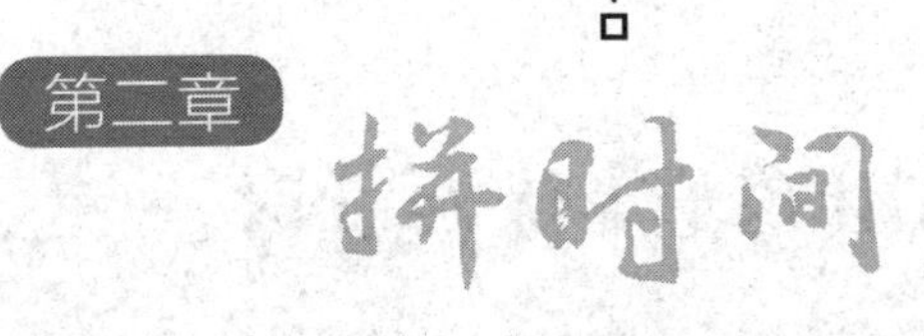

第二章 拼时间

别让孩子总问“爸爸去哪儿”

“爸爸要去哪儿？”当孩子略带失望地问爸爸要去哪儿忙时。爸爸应该知道，孩子说这句话的时候，其实内心是充满了渴望的。他渴望爸爸能留下来多陪陪他，多和他玩；他渴望爸爸愿意把一部分时间花在他的身上。

……第一节……………

忙里抽闲，别让孩子等待24小时

在孩子的心中，爸爸就像一条龙，既神气，又神秘，有一股让人崇拜的力量。不过，爸爸这条龙，也有他不好的地方，那就是常常“见首不见尾”。很多孩子在长大后，回忆起自己的童年，都会有这样的印象：妈妈陪我的时间很多，而爸爸则经常在外面忙，有时一天也见不上一面。某网站的一项调查显示：几乎有一半以上的爸爸每天陪孩子的时间不超过1小时，只有10%的爸爸能够每天陪孩子2小时以上。

对于这个现状，爸爸们千万不要说“我很忙，妈妈陪着也一样”。孩子对爸爸的依赖，从1岁前就已经开始了，这时他们会追寻爸爸的身影、捕捉爸爸的声音；3岁前，孩子虽然对妈妈的依赖非常强，但爸爸的存在也绝对是不可或缺的，这时他们往往对和爸爸的交流非常感兴趣；而到了3岁之后，孩子的自我意识加强，并开始模仿父母的行为，这时如果孩子缺少和爸爸的交流，情感就很容易发生异化，孩子可能过于依赖妈妈，或者开始产生叛逆行为。

总之，对于孩子来说，爸爸的陪伴是绝对不能缺少的。爸爸们在工作上多消耗的那些时间，在应酬上多付出的精力，都是在侵蚀对孩子的爱，无论这些能带给家庭多少财产，都无法弥补教育的缺失。因此，爸爸们要督促自己早回家、多陪孩子，别让孩子在等待中度过一天又一天。

★ 把应酬减半，将时间留给孩子

《穷爸爸，富爸爸》里有这样一句话：“所谓成功，就是有时间照顾自己的小孩。”而如今，很多爸爸理解的成功或许有所偏颇，认为事业上无止境地追求成就才能算是成功。但如果你认真问问自己，存折上的数字和拥有一个优秀的、和自己感情很好的孩子哪个更重要，相信大多数人还是会毫不犹豫地选择后者。既然如此，爸爸们就尽量不要让自己那么忙，除了正常的工作时间之外，把一些没有必要的应酬适当推掉一些。你要相信，真正有价值的生意和值得深交的朋友，不会因为应酬的减少而失去。当你真的把这些时间用在陪伴孩子身上时，你会发现它将带给你意想不到的收获。

《爸爸去哪儿》几期节目录下来之后，每位忙碌的明星爸爸都发出了类似这样的感慨：“我从来不知道宝贝对我的感情是这样的。”“我没想过孩子心里能如此为我着想。”“我原来不了解他的地方有这么多。”“和宝贝在一起比什么事业上的成功都重要。”……

这些就是忙爸爸们平时因为过多的工作和应酬所失去的东西。当你若干年后回顾时，你会发现银行里的存款带给你的成就感，要比和宝贝相处的回忆廉价得多。为了不使将来后悔，那么就从现在开始，推掉一些没必要的饭局、娱乐吧。应酬都是浮云，回家陪孩子才是真理。

★ 每天陪伴孩子至少 1 小时

如果爸爸实在忙，那么建议每天陪孩子的时间也不要少于 1 个小时。对于忙碌的爸爸来说，在外纷杂的事务会填满自己的脑袋，但在家的孩子却有大把的时间来思念爸爸。爸爸在不断推迟回家时间的时候，也许没有想到，孩子从天亮等到天黑，再等到睡着，醒来依然没有看到爸爸，心情是怎样的失望。长此以往，父爱缺失症发生在孩子身上可能就不意外了。因此，建议爸爸们无论多忙，都将这一条当作自己的“铁律”，那就是每天至少陪伴孩子 1 小时。

当然，这 1 小时不能是爸爸人在家就可以了，或者抱着孩子看看电视就可以，这样是达不到教育孩子和培养感情的良好效果的。这 1 个小时，必须是爸爸专心陪伴孩子的高效率的 1 小时。

在这 1 小时中，建议爸爸和孩子交替着做以下事情：

可以是谈心，也可以是天南海北地谈时事，也可以是教孩子知识，甚至可以是互相讲笑话。只要在沟通过程中，爸爸是在专心地倾听孩子、回应孩子，这种沟通就是非常有益的沟通。孩子会在这个过程中体会到和爸爸沟通的乐趣，感受到爸爸的言语之中传递出来的力量，当然最重要的是爸爸对自己的爱。

和孩子一起玩耍。需要注意的是，爸爸要和孩子一起动手玩，而不是扔给孩子一套玩具，让他自己玩。爸爸和孩子一起研究玩法、一起动手完成、一起比赛，这会带给孩子莫大的乐趣。

爸爸是家中与外界接触较多的人，总能带回来很丰富的信息。如果爸爸也能经常将孩子带出去，看一场有趣的电影，进行一场酣畅淋漓的运动，相信孩子也会成长为一个非常开朗、积极的人。

★ 每天至少要保持 1 小时的高效陪伴

有些爸爸经常苦于在职场、生意场中脱不开身，于是，为了弥补平时无法陪伴孩子的缺失，经常企图在周末的时候一并补回来。即使爸爸在周末花费的亲子时间要超过每天 1 小时的总数，但效果却远远不及每天定时陪伴孩子。这和每天的记忆方式有些类似，每天都花一点时间去背、多背几次，记忆效果比花一整块时间去背要好得多。孩子每天接触到爸爸，即使时间不那么长，但他的心里每天都会是踏实的，是感受到被爱的，这远比爸爸有空了再去陪他要令他快乐得多。

所以，爸爸陪孩子，别企图省事，集中弥补的效果远远不如每天抽一点儿时间高效陪伴。

【忙爸爸一分钟教子金句】

我们决心利用每天晚饭后 30 分钟与孩子进行交流，打开女儿已关闭的心灵之窗。30 分钟，在人生的旅途中不过是短暂的瞬间，但对于我们的家庭来说，就显得无比重要。它让我们学会了沟通与理解，更让我们抛弃了烦恼和忧愁。

——教育家陈佩伦

……第二节…………………

出差在外，和孩子的互动不可少

有些爸爸工作常驻外地，总是一年半载才能回家一次，有的需要经常出差，不时就要去外地待上一个月。爸爸真正能和孩子在一起的时间少之又少。然而，工作又不是能轻易改变的，举家搬迁或让妻儿经常探望也是不现实的。这就很容易造成爸爸和孩子之间交流过少、感情淡漠。

玥玥的爸爸是外贸公司的职员，经常去外地出差。玥玥从小和爸爸的交流就很少。她很依赖妈妈，也喜欢和爷爷奶奶在一起，却对爸爸一点都不热情。

为了加深和女儿的感情，在玥玥3岁生日这天，爸爸特地请假回家，还给玥玥带了一份精美的生日礼物。他一进门，刚要把玥玥抱起来，玥玥却哭着扑到了妈妈怀里："我不要他！我不要爸爸！"爸爸顿时愣住了。

每个忙碌的爸爸在面对孩子的疏远时都会非常伤心。但客观来说，由于孩子的年龄和他感知事物的方式，他对经常不在家的爸爸感觉到陌生、不信任、不亲近等，也是非常正常的。爸爸们无须对此过于介怀，只要想办法化解自己和孩子之间存在的距离感就可以了。

那么，长期不在孩子身边的爸爸，怎样在不过多耽误工作的基础上，和家里的孩子互动呢？

★ 跟孩子解释为什么要在外地工作

对于盼望爸爸回家的孩子来说，最不能理解的恐怕就是为什么爸爸要去外地工作。也许很多老爸觉得孩子太小，说了也听不懂，因此干脆不去解释。其实，这会让孩子对爸爸的误会更深，会觉得爸爸是毫无理由地不回家。因此，爸爸不妨用孩子能理解的语言，大致向孩子解释一下自己的工作为什么在外地，或者为什么要经常出差。

心心今年 4 岁，在她的记忆里，家里总是只有妈妈和自己，爸爸经常不在家，过很久才能回来一次。看着别的小朋友都有爸爸陪在身边，心心有些不高兴。一次，爸爸刚一回家，她就迫不及待地问道：“爸爸，你从哪里回来？”爸爸回答：“我从另外一个城市回来，那儿很远，爸爸在那儿工作。”“那你为什么不在我们家工作呢？”爸爸知道心心的意思是为什么不在本地工作，便耐心地解释道：“因为爸爸的工作是给盖大房子的人画图纸，先画出图纸来，工人叔叔才能照着盖。现在要盖的楼房在外地，所以只能去远的地方工作。”顿了顿，他又摸摸心心的头说：“我知道你想爸爸，爸爸也很想你。爸爸答应你，只要一休息就回来陪你，好吗？”心心这才开心地笑了出来：“好！我可以告诉我的老师和同学，我爸爸是帮忙盖大楼的！”

孩子最先具备的逻辑关系就是因果关系，如果爸爸懒得向孩子解释自己的工作，孩子可能会觉得是你不爱他，所以才经常不回家。正如很多父母离婚，孩子会觉得是因为自己不乖一样。所以，爸爸一定不要忽视孩子的感受，像和大人沟通一样，正面地将自己的工作情况告诉他。

★ 定时沟通，参与孩子的生活

孩子与长期驻外的爸爸关系疏远，并不完全是地域上的距离造成的，更多的是爸爸置身外地之后，也从孩子的生活中抽离了出来。如果爸爸既不在家，又很少和孩子通过其他方式沟通，对孩子的生活情况一无所知，那么孩子势必无法跟爸爸亲近。所以，不管爸爸出差多频繁、去了多远的地方，一定要保证每天和孩子联系，了解他的小世界，参与他的生活。

1. 爸爸应该每天定时给孩子打电话，有条件的话最好是视频聊天。每天一个电话，使得爸爸不至于和孩子变得生疏。定时打电话，养成一个守信的习惯，让孩子在固定的时间有所期待，并且这份希望还不会落空。

2. 每次通电话时都问问孩子当天的情况，哪怕非常琐碎和重复，比如吃了什么饭、见了什么人、在幼儿园有什么好玩的事情等。只要爸爸感兴趣，孩子总是会滔滔不绝地说，爸爸要耐心倾听，并且尽量让孩子感觉这是一次有趣的谈话。

3. 当孩子稍微大一些时，爸爸还可以根据孩子的学习和交友情况，提供一些有价值的建议。这样，孩子既会觉得爸爸是自己的一个有力的依靠，又能将爸爸看作自己的好朋友，父子（父女）之间的感情当然不会差。

★ 给孩子一个期待自己回家的理由

每个孩子当然都期待爸爸回家，但如果爸爸长期驻外地，尽管孩子没有和爸爸在感情上生疏，也有可能习惯于这种两地分居的状态，对爸爸是否回家没有不一样的情绪。这时，爸爸就需要动点脑筋，给孩子一个渴望自己回家的理由。

一鸣的爸爸又出差了，这一走就要两个月。一鸣虽然也很爱爸爸，但对于这样的分离已经非常习惯。爸爸离开时，看到一鸣的泰然，忍不住有点失落。

这天晚上，爸爸和一鸣视频通话的时候，告诉了他这样一个消息：“儿子，你张叔叔和他儿子想跟咱爷俩来场足球赛，你看怎么样？”一鸣最喜欢的运动就是足球，立刻兴奋得不能自已。“不过，爸爸还要在这儿待两个月，所以这段时间你就加紧练习，爸爸一有空也在这边练。等我回去之后，咱们立刻跟他们展开较量！”“太棒了！老爸，你一定要答应我，忙完工作立刻就回来！我在家等着你啊！”爸爸暗自高兴，自己和儿子之间的感情又加深了一小步。

让孩子期待老爸回家的方式有很多，比如每次都给孩子带回去一个有价值的小纪念品，每次回去后带孩子去一次他想去的游乐场，或者送孩子一本他喜欢的书，进行一项他喜欢的游戏。这些方式都能在无形中加深爸爸和孩子之间的感情。长期在外与孩子分离的爸爸，不妨一试。

【忙爸爸一分钟教子金句】

长期出差的爸爸并不代表一定不能做个好爸爸，亲子关系并不是只在面对面时才能得到维护和升华，而关键在于其内容和质量。只要爸爸们想，就一定能找到方法，让分隔两地的感情也能如每天在一起那样好。

……第三节……………………

见缝插针，陪孩子怎能“明日复明日”

忙爸爸的时间的确非常宝贵，除了忙碌的工作之外，还有人脉维护、朋友应酬等事情，另外再加上探望老人、处理部分家事，爸爸们很多时候的确分身乏术。在这种情况下，很多爸爸不得不一再推迟陪伴孩子的时间，推迟兑现答应孩子的承诺。

但事实上，真的是爸爸们忙得一点时间也抽不出来吗？假如我们每天列一个表，把自己所有的事情加起来，就会发现它们远远不至于花费二十四小时。也就是说，我们还有空闲的时间没有利用起来，或者说，在不经意之间就将这些时间无意义地消磨掉了。这也正验证了那句众人皆知的名言：“时间就像海绵里的水，挤一挤总是会有的。”因此，爸爸们要抓紧一切空闲时间用来陪伴孩子。再者，这种陪伴其实也是一种放松，并不会过多消耗爸爸的精力，甚至与孩子之间亲切的交流，还会让爸爸做起其他事情来更加精力充沛。

有哪几个时间段是经常被爸爸们忽视的可利用时间呢？不同的零碎时间，爸爸们又该怎样去利用？

★ 做一对早起鸟儿，计划一天事

早上的时间是一天之中最美好的，空气清新，鸟语花香，没有恼人的交通噪音，只有补充睡眠后充沛的精力。这个时间用来睡懒觉的话就太可惜了。那些总是声称没时间陪孩子的爸爸们，不妨将闹钟向前调一些，只要十几分钟，甚至只要五分钟，早上和孩子愉快地聊聊天，相信这一天你和孩子的心情都会非常好。

早上和孩子沟通都应该说些什么呢？其实，只要孩子有兴趣，爸爸说什么都是可以的。比如，问问孩子今天在幼儿园想做什么游戏，最喜欢和哪个小朋友在一起，或者说说自己一天的打算，上班的交通路线，甚至和孩子聊一聊今天的天气，这都是很好的沟通。

早上孩子的思维很清晰，如果爸爸每天都能引导孩子在这个时间做一些思考和语言的表达，长久坚持下来，你会发现，孩子不仅和自己的关系亲密了很多，还会变得很活泼、开朗、很爱思考。

★ 午间一个亲情电话

再忙的爸爸也要吃午饭，吃午饭的时间打个三分钟的电话还是很容易办到的。就算只有三分钟，爸爸也可以让孩子知道自己即使在工作，也在想着他。对于有一个忙碌爸爸的孩子来说，最常出现的心理问题就是怀疑爸爸不爱自己，尤其是当爸爸一走就是一整天，早出晚归的情况每天上演的时候。这时，爸爸午间的一个小问候，可以让孩子觉得等待的时间并不那么漫长。

★ 下班回到家先和孩子互动五分钟

爸爸刚刚回家的五分钟对孩子来说是很重要的，但很多爸爸并不知道这一点，总是在回家之后就忙不迭地躺在沙发上，释放自己一天的劳累去了，要不就赶紧看电视、玩游戏去了。孩子在家中等待了一天，积蓄了一天的盼望，好不容易把爸爸盼到家里，还没来得及将攒了一天的思念和热情释放出来，就受到爸爸的“冷待遇”，心里肯定很不是滋味。相反，如果爸爸一进门就专心地和孩子互动，抱抱孩子，听听孩子的话，再跟孩子说说自己白天遇到的事，孩子会觉得非常开心、幸福。

可以说，这五分钟很关键，对孩子的影响、对父子关系的影响也是很大的。爸爸要把握好这“黄金五分钟”，让它产生最好的亲子效果。

★ 饭后留给孩子半小时

夜晚城市远离喧嚣，陷入一片沉静，这个时候很适合启发孩子进行一些思考。爸爸可以陪孩子做一些益智活动，比如和孩子一起画画，在锻炼动手能力的同时开发孩子的大脑；也可以陪孩子玩一玩填字、猜字之类的游戏，这不仅能增加爸爸和孩子之间的情感交流，还有助于促进孩子的智力发展。另外，给孩子讲讲故事，在让孩子增长见识的同时，思考力、记忆力都得到相应的锻炼，这也是一个不错的选择。

陈文每天吃完晚饭之后，都会和儿子川川玩一会儿，有时是玩玩具，有时是讲故事。他发现，川川其实是一个很聪明的孩子，对新事物、新知识有很大的渴望，亟需一个人来教他。陈文很庆幸给自己立下了“每晚都要陪儿子半小时”的规定，才和川川有了这样的互动。否则，川川的智力发展很可能受限，这样一个聪明的孩子可能就要被埋没了。另外，陈文还发现，每天抽空陪伴川川后，他跟自己的关系更加亲密了，每天都念叨着让自己快点回家，有时还会像一个男子汉一样关心他，让他多穿一件衣服呢！

孩子获取外界知识、认识外界事物的方式中，来自爸爸的教育是最重要、最必不可少的一环，如果爸爸忽略对孩子的教育和培养，那么孩子可能失去很多学习的机会。另外，专家也指出，孩子在幼儿时期的性情，对于一生的性格发展有着决定性的作用。因此，爸爸如果能每天和孩子一起玩耍，对于孩子心智的发展都是很好的。

不过，晚上和孩子玩耍，爸爸要注意两点：一、不要玩得太晚，如果影响孩子的休息，则会妨碍其身体的正常发育；二、不要和孩子玩太激烈的肢体游戏，以免让孩子晚上精神过度亢奋，或者对孩子的身体造成伤害，可以静静地坐着给孩子讲讲故事、玩玩动手玩具。

这样见缝插针的陪伴算下来，一天也只需花一小时。而这一小时，或许正是平时被爸爸们忽略的、随意浪费掉的。既然如此，何不把它们都利用起来奉献给孩子呢？

【忙爸爸一分钟教子金句】

亲子关系不是时间问题、不是距离问题，只是爸爸有心无心的问题，也可以说是爸爸的能力问题。如果爸爸肯花心思去琢磨、去付出，每个爸爸都是可以抽出不少时间陪伴孩子的。每个爸爸也都能做一个好爸爸。

……第四节………………

不应酬、不补课，周末带孩子放飞心灵

爸爸们忙完一周的工作，好不容易迎来一个周末时，通常会给自己和孩子怎样安排呢？很常见的一种模式，就是爸爸们先补觉，然后再出去和朋友们聚聚，喝酒、聊天、打牌、运动，公司有事则去加班，实在没事还可以在家看书、看报、看电视。关于孩子的周末安排，大多可以概括为两个字：补课。

对于一个男人来说，其实照上述方式过周末并没有错，但对于一个做了爸爸的男人来说，这样的安排就可能会导致和孩子的沟通不足，对孩子的了解不够。对此，也许爸爸们会辩驳："我们也想和孩子多交流，但孩子要去上辅导课……"这就是我们要讨论的第二个问题：孩子上辅导课真的那么有必要吗？

爸爸们可以试想下面的情景：周末的早上，别的孩子都还沉浸在美梦之中，自己的孩子就要顶着清早的凉气去上辅导班了；别的孩子像只小鸟一样，在户外自由地玩耍一整天，自己的孩子却在日暮之时，像只累坏的小马一样从学校回家；别的孩子周末和爸爸痛快地玩了一天，自己的孩子却满怀失望地去进行填鸭式的学习……比较之下，即使孩子人在学校，心却不一定在。长此以往，不但孩子的学习无法有长足的进步，还可能导致孩子的心理越来越内向、抑郁。

可见，度过周末的最好方式，就是爸爸不应酬、孩子不补课，爸爸带孩子到户外放飞心灵，陪他度过一个愉快的双休日，并在玩耍中加深和孩子的感情。

★ 带孩子度过一个"纯玩"周末

经常出去旅行的人，都知道旅行社有一种叫作"纯玩团"的旅游形式，大概意思就是说游客在玩的过程中享受导游全程的陪伴、优质的

服务、耐心的讲解，游客拥有绝对的尊重与理解，购物消费等内容不会做强制安排，一切听从游客的需要。纯玩团作为现代高品质的旅游产品，格外受游客的喜爱。

如果爸爸对于如何陪孩子过周末没有良策，那么不妨就开发一个属于自己和孩子的“纯玩周末”吧。也就是说，在这个周末中，爸爸就好比旅行社的导游，带孩子去他想去的地方，给孩子讲解他渴望知道的知识，给孩子全程的陪伴。不强迫孩子以学习时间或学习成绩为条件，来为这次游玩“买单”。

教育界有这样一句名言：“假如亲子之间很陌生，父亲不知道孩子的心事，孩子就感觉不到父亲的爱。因此，父亲确实需要放下手边的事，抽出时间带领孩子享受人生。”而“纯玩”周末，正是给建立亲密的亲子关系提供了一个大好的机会。如果爸爸能经常陪孩子度过这样一个纯玩周末，想必会让孩子快速地感知到父爱，加深对爸爸的爱。

★ 探望老人，亲情升级

很多家庭都会在周末去探望老人，有时因为爸爸们希望缓解一周的疲劳，所以这个任务经常落在妈妈和孩子的身上。其实，爸爸们与其在家里休息，不如陪孩子一起到老人身边休息。其一，回到自己的父母身边，爸爸们不会被家事所累，而且还能享受到天伦之乐；其二，爸爸带孩子回家探望老人，对于孩子来说，其感受与只有妈妈陪伴的情况是大不相同的，孩子会有加倍的幸福感；其三，爸爸的行为是孩子的榜样，爸爸在孩子心中的形象会因此而变得更加高大，会成为孩子模仿和学习的对象。

★ 动手做家务，只要在一起就快乐

周末除了陪孩子出去玩、带孩子探望老人，在家里动员孩子和自己一起做家务，也是一个不错的选择。

每个孩子都喜欢动手，尤其喜欢和自己的爸爸一起动手，当爸爸说出和孩子一起做某件事情的时候，孩子的热情会非常高涨，通常都会愉快地答应。带孩子动手劳动的好处在于：首先，能让孩子在一起劳动的过程中感受到浓浓的亲情，体会到爸爸对自己的爱——爸爸肯花时间和自己在一起，不管是劳动还是玩耍，对于孩子来说都是爱的体现，都是让人十分高兴的；其次，爸爸“顾家”的形象会在劳动过程中深深地烙印在孩子的心里，爸爸的行动会让孩子明白什么是爱家、什么是自己应该承担的义务；再者，最后看着窗明几净的家，孩子会感觉到劳动的意义和劳动的快乐，逐渐形成良好的生活习惯。因此，爸爸在周末带着孩子进行一番劳动，无疑是好处多多的。

一位老太太有两个儿子，两个儿子又分别成家，各自也都生了一个儿子。过年时，两个儿子带着孙子回家看望老太太，老太太发现了一个很有趣的现象。

大孙子总是一副懒洋洋的姿态，总是独自缩在沙发里看电视，很少跟自己的父母交流，也不肯跟奶奶多说话，更别提干活了。

小孙子却像一个小大人似的，帮奶奶做这个、做那个，还很黏人，不是叫爸爸来和自己擦厨房，就是请爸爸陪自己玩游戏。

老太太很奇怪，就偷偷把两个孩子叫到自己的房间里，问他们平时在家都干什么。小孙子兴奋地抢着回答：“一到周末我们家就集体劳动，我爸爸也干活，我跟爸爸一块干得可高兴了，有时候我比爸爸擦的玻璃还干净！”大孙子想了想，慢吞吞地说：“平时就是他们上班、我上学。周末的时候，我妈干活，我爸躺在沙发里看电视，我有时候自己玩，有时候也看电视。”老太太顿时明白为什么两个孩子的表现相差这么大了。

一年大约有五十二周，每个周末有两天。在这一百天左右的时间里，爸爸对孩子的影响是不可小觑的。

【忙爸爸一分钟教子金句】

一个人的童年只有一次，而且童年里的周末时光也是有限的。童年时光无法像影片一样，可以重新剪辑或倒带。因此，为孩子创造一个快乐的童年是父亲的第一要务，也是父亲给孩子最珍贵的礼物。

……第五节……………………

宝贵时间用对地方，孩子的重大时刻别错过

美国一个名叫贝蒂的女孩，在大学毕业后写下了一篇这样的日记：

所有你在孩提时教训我的，都是要我完成你的心愿。但你可曾想过，在这一路上你是否展露过父亲的关怀？是什么事如此重要，使你无法像其他父母一样在“亲子日”到学校？

昨天，是一个你没出现的毕业典礼。为什么你不能抽出一天来看你的女儿——在她生命中的重要时刻？当校长念出我的名字，说出“恭喜”的时候，我在几千人的人海中极力寻找你的身影，但我最终失望了，你根本不在。

我感到如此孤独、沮丧和愤怒。我需要你。我需要你见证我完成了一件非常特别的事，你所鼓励我的所有梦想、野心和目标的结果。你难道不知道你的支持对我有多重要？你是认真的吗？

当这篇日记被发现的时候，这个名叫贝蒂的女孩已经结束了自己的生命。也许这与她心理脆弱不无关系，但她这个悲惨的结果，有很大一部分责任要归结于她的爸爸。

现实生活中有很多这样的爸爸，平时不陪伴孩子、不教育孩子，孩子的重大时刻他总不放在心上，他觉得小孩子也不会放在心上，所以不愿花费时间和精力去经营。即使他们有空的时候，关注的也只是孩子的成绩单和孩子在学校的表现。教育界将这类父亲归为“功利型父亲”，是一种等待收割的父亲，也是一种可怕的父亲。可怕的地方就在于，他们没有花心思在孩子身上付出，却又

给孩子提出过高的要求，这将会成为毁掉孩子的直接“凶器”。

贝蒂的事例告诉我们，即使爸爸再忙、时间再宝贵，也一定要参与孩子的重要时刻。因为这对于孩子来说是至关重要的，这时爸爸的出席，可能会抵消他“长期不在”的缺憾，抵消孩子平时对他的失望情绪；而这时如果爸爸不在，孩子对爸爸的怨恨和失望就会被放大，心中的阴影也会越来越大，甚至导致他的心理出现问题。

那么，哪些是孩子心中的“重要时刻”，是爸爸们必须出席的时间和场合呢？

★ 孩子的生日

从孩子有较强的自我意识那天起（三岁以后），孩子们对于自己的生日都是非常重视的。在他们的小小世界中，或许不会发生什么大事件，但是生日却是一个比较值得期待的“大事件”。因此，在孩子生日这天，孩子得到的不仅有礼物、美食，更重要的还有父母专心的陪伴、热情的笑脸和温柔的语言。这些在孩子的幼小心灵中有着非常重要的分量，可以说每个孩子都是十分期待自己的生日的。

这也就告诉爸爸们，如果错过孩子的生日，孩子将会多么失望。

有位在大庆油田做保卫干部的爸爸，已经九年没有给女儿过生日了。这一年女儿要过十八岁的生日，他承诺要带着礼物出现在女儿面前。女儿接到爸爸短信的那一刻，兴奋不已，整个晚上都没有睡好。她给爸爸回复：“只要你能回来，就是给我最好的礼物！”

可就在这位爸爸打算登上回家的列车时，同事却通知他，刚刚发现一条新线索，需要他立刻赶回单位。敬业的他只好从火车站离开，给女儿发了一条道歉的短信。令他没想到的是，几分钟后，女儿回过来一条短信："爸爸，你错过了我九年的生日。小时候我总觉得爸爸说话不算数，但现在女儿已经长大了，理解爸爸了。"读着女儿发来的短信，爸爸的眼里顿时噙满了泪水。

想必这条短信会让每个做爸爸的人都感到心酸，一是想不到自己的失约会给孩子带来如此深的失望；二是为孩子在接受失望的现实时的无奈而感到心酸。这也启示所有的爸爸：即使再忙，也要尽量腾出时间来陪孩子过生日。不要让孩子在无数次失望之后，说出懂事而又绝望的话。这时，给孩子造成的损失已经难以弥补了。

★ 家庭团聚的节日

中国有许多节日都是家庭应该团聚的日子，最重要的有春节、元宵节、中秋节等，这些日子爸爸都应该尽量待在家里，给孩子营造团圆、温馨的家庭氛围。当孩子看着电视里别人的家庭团聚画面、在学校听着同学讲述他们和父母的团聚，而自己却要面对爸爸的缺席时，这种心情可想而知。在重要的节日守在家里，这对于孩子形成良好的家庭观念也非常重要，爸爸们千万不可忽视。

如果孩子还比较小，那么儿童节也是爸爸们不可忘却的一个节日。在浓浓的节日氛围中，如果孩子得不到爸爸的陪伴和祝福，他会很难感受到幸福和快乐。

另外，父亲节也应该是爸爸们重视的一个日子，尤其是孩子准备了祝福、礼物，等待爸爸回家的父亲节。虽然这个节日不属于孩子，但在孩子的心中却占有很重要的位置，爸爸珍视孩子的祝福，会让孩子感觉到被看重和被爱。

★ 孩子参加比赛、获得成就的日子

当孩子的学校组织一些竞技比赛时，当孩子在学校取得成就接受奖励时，当学校组织开家长会时，爸爸的出席对孩子来说意义重大。如果爸爸总是以忙碌推托，或者全权交给妈妈，甚至觉得这种事情不去也不会影响到孩子，那就大错特错了。集体生活中，孩子尤其容易将自己和别人进行比较，当他看到别人的爸爸全力支持孩子、用心呵护孩子、为孩子感到骄傲时，他心中的失落感和自卑感会迅速加剧，和爸爸在情感、心理上的距离也会瞬间拉大。所以，爸爸想推托掉孩子的活动时，不妨想象一下孩子面对别的父子（父女）失望的表情。这时你会明白，少做一份工作、少开一次会，比起陪伴孩子来说真的算不上什么牺牲。

总之，爸爸们可以忙，就算可以在大部分时候把带孩子的事情交付给妈妈，但在一些重要的时刻，爸爸们必须要像超人一样赶到孩子身边，守护在孩子身边。要知道，这时爸爸的爱是什么都替代不了的。

【忙爸爸一分钟教子金句】

在孩子的世界里，爱只有一个衡量标准，那就是专心陪伴。关键时刻，爸爸的一句“我在”，比爸爸掏出多少零用钱、买多少玩具、给多少承诺都贵重。孩子的童年不能重来，陪伴的机会也只有一次。爸爸们千万不要掉以轻心。

……第六节…………………

巧心安排陪宝贝，让孩子增长更多的见识

爸爸的爱和陪伴对于孩子来说非常重要，如果你实在没时间在家里陪孩子，也许有时可以试试带着孩子去工作。我认识一位爸爸，他有时出去参加各种展会、演讲会，都会带着他的孩子，一方面让孩子增长了见识，另一方面也给孩子树立了很好的榜样，让他看见自己的爸爸有多努力、多优秀。很多爸爸可能会说："能带孩子去工作的机会太少了，我们不可能都像他一样以这种形式陪孩子。"其实，这只是一种有效的形式而已。从事其他工作的爸爸们，只要有心，都能想出属于自己的陪伴孩子和兼顾工作的形式。

★ 带着孩子去工作

在电影《当幸福来敲门》中，男主人公出于无奈，只好带着自己的儿子去推销产品；虽然孩子吃了一些苦，但看得出能跟在爸爸身边，他觉得很开心。实际生活中，爸爸们倒不至于一定要带着孩子去上班，这种奔波毕竟对孩子有一定的影响，也会影响自己的工作。但如果爸爸们从事着非常自由的职业，比如送货员之类，或者自己开店，那么不妨偶尔带着孩子一起去工作。当然，前提是孩子非常想和爸爸在一起的特殊时刻，并且不能影响孩子上学。

如果爸爸打算采取这样的方式陪伴孩子，要注意两点：一是孩子的人身安全，最好不要让孩子离开自己的视线；二是要提前统筹好工作，最好安排在自己不太忙的那一天，如果因为孩子影响工作而粗鲁地对待他，那就有违事情的初衷了。

当然，这种陪伴并不宜长久，只能解燃眉之急——比如孩子实在想和爸爸待在一起时。爸爸最该做的，还是多抽出一些时间来专心陪伴孩子。

★ 公司的活动带上孩子

李鹏是某家建筑公司的项目部经理，他的工作非常忙碌，经常早出晚归，还时不时要出差。但他有一个雷打不动的原则，就是无论公司有什么类型的活动，只要不涉及工作，他都会带自己的女儿出席。比如，去年夏天公司的烧烤派对，他专门去学校等女儿放学，接她一起来玩了一个晚上；年底公司开年会，很多女同事都觉得带孩子来比较麻烦，他却义无反顾地带来了自己的女儿，让女儿见识了公司的年会是什么样子；公司组织出去旅游，别人都是带爱人，他却每次都给自己的女儿报上名。李鹏总是说："我能陪女儿的时间很少，只好这样'假公济私'，希望女儿别怨我，公司也别介意。"但实际上，李鹏的女儿从来都没有埋怨过爸爸，反而和爸爸的关系特别好；当然了，公司也没意见，因为他并没有影响到工作。

忙碌的爸爸比比皆是，像李鹏这样有心的却不多。我们从他的做法中也能看到，其实兼顾孩子和工作的方法真的不少。粗略统计一下，爸爸们在公司娱乐的时间，一年算下来也不少，如果觉得每次都推掉公司的聚会很不应该，那么不妨将孩子带上。这样不仅能陪孩子，还能让孩子见识更多的场合，熟悉成年人的世界。

★ 出差的时候带上孩子

出差的时候带上孩子，这是忙爸爸们最值得注意的建议。如果爸爸们真能这样做，那么相当于在陪伴孩子的同时，还带他进行了一次旅游，丰富了他的见识。

涵涵的爸爸非常忙碌，经常飞来飞去，每到一个城市最少要待上一个礼拜。涵涵和爸爸见面的机会非常少，她不止一次跟妈妈说，自己很想念爸爸。

爸爸听了妈妈的转述，心里也很内疚，两人商量之后，决定由妈妈带着涵涵，到爸爸出差的城市——青岛玩几天。周五放学的时候，涵涵异常兴奋，飞奔回家，拿上早已收拾好的行李，拉着妈妈朝机场赶去。这个周末，涵涵非常开心，她不仅见到了爸爸，和爸爸一起吃饭、聊天，还在周日的下午和爸爸一起去海边"疯狂"玩了一番。不只如此，她还第一次乘坐了飞机，第一次见识了大海的美丽，第一次学着和陌生人沟通。

下半年，涵涵又用同样的方式，在西安见到了日思夜想的爸爸，还参观了原来只在书上见过的兵马俑。

这一年，虽然见到爸爸的时间并没有增加太多，但涵涵和爸爸的关系一下子拉近了很多，涵涵的个人见识也增长了不少。

出差的时候带上孩子，意义绝不仅仅在于爸爸和孩子相处的时间能多一些。旅行途中和在外地的见识能使孩子"一夜长大"，变成一个独立自主的孩子。比如，计划出行前，可以告诉孩子目的地及其该地的主要景点、气候特征等，然后让孩子自己思考，都需要带哪些东西出门，并且自己整理行李。爸爸甚至可以将自己的工作安排也告诉孩子，由孩子来安排，哪些时间可以和爸爸做些什么，哪些时间需要自己待着。另外，在保证安全的情况下，买零食、买门票、照相等事情，都可以让孩子来代劳；甚至连行程路线，爸爸也可以参考孩子的想法。孩子做决定，爸爸做后盾，亲子之间的感情升温快，孩子的能力提升也快。

当然，爸爸带着孩子去上班、参加公司活动、旅游，一定要考虑孩子的实际年龄和能力，必要的时候要有妈妈或其他大人同行；当孩子有足够的能力时，可以多给孩子一些独自行动的空间。

【忙爸爸一分钟教子金句】

即使拥有再辉煌的事业，如果没有良好的亲子关系，这个爸爸也不能说是成功的；而拥有兼顾工作和陪伴孩子的智慧的老爸，才是更称职、更成功的老爸，也才能更令孩子敬爱与崇拜。

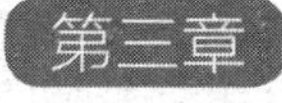

立榜样

身教胜言传，优质老爸的孩子有好习惯

儿童教育专家孙敬修先生说过这样一句话："孩子的眼睛是录像机，孩子的耳朵是录音机，孩子的头脑是计算机。"这句话形象地告诉我们，孩子会不断地观察和模仿自己身边人的样子。而很多事实也证明，孩子会更多地观察和学习爸爸的行为。也就是说，每个爸爸都应该修正自身的行为，给孩子树立一个良好的榜样。爸爸对孩子的教育，永远是身教胜过言传的。

……第一节…………………

以身作则，做孩子的好榜样

在《爸爸去哪儿》中，林志颖和Kimi这对父子，很好地向我们证明了“爸爸是孩子的超级偶像”这个事实。

从第一期开始，我们就不断地从Kimi口中听到这样一句话:“我爸爸是超人。”在他的眼中，爸爸就像奥特曼、变形金刚。而爸爸这个超级偶像，正是小Kimi学习和模仿的对象。这不仅表现在衣着和喜好上，甚至连对待事物的方式、呈现出来的神态，都显现出小Kimi对爸爸的崇拜和模仿。

而林志颖，也一直在努力树立一个良好的榜样。由于旅行的地方不是偏远山村、水乡村落，就是冰天雪地、沙漠草原，条件相对大城市来说都比较艰苦；再者，节目组给各位爸爸安排的任务一点都不简单，有下海捞鱼，还有下泥地挖泥鳅，零下三十几度在室外堆雪人等。因此，这对几位平时过惯舒适生活的爸爸们来说也是不小的挑战。但林志颖为了给Kimi树立一个不怕脏、不怕苦、不怕难的好榜样，在完成任务的时候总是非常认真和努力。比如，在北京灵水村，为了把孩子们找到的超大个的锅拉回来，林志颖主动向村民借了一辆拖拉机，并且亲自上阵开车，不但没明星架子，甚至比普通人对待事情还要积极、主动。难怪Kimi总是很自豪地大喊“我爸爸是超人！”

林志颖用自己的行动告诉看起来还有些娇弱、胆小的儿子，只要认真、努力，没有什么是攻克不了的。他的教育中没有说教，也没有强迫，甚至没有比较——从来不因为Kimi不敢出任务而责怪他。但他一直在用行动影响着Kimi。最终，Kimi突破了自己的心理防线，鼓起勇气单独完成了一次任务。有了第一次，第二次、第三次自然也不在话下了。Kimi从一个怕生、离不开爸爸的小孩子，渐渐变成了一个敢说、敢干的大男孩！

爸爸对孩子的影响有多重要，林志颖和Kimi在《爸爸去哪儿》中经历的种种事件已经向我们展露无遗。爸爸们以身作则，远远好过其他方式的教育。苏联著名教育家马卡连柯说过："不要以为只有你们同儿童谈话，或教导儿童、吩咐儿童的时候，才是在教育儿童。在你们生活的每一瞬间，甚至当你们不在家的时候，都是在教育儿童。你们怎样穿衣服，怎样跟别人谈话，怎样谈论其他人，怎样表示欢欣和不快，怎样对待朋友和仇敌，怎样笑，怎样读报，所有这些对孩子都有很大的意义。"

★ 爸爸在外要守法、讲道德

一个人是否守法，决定着他这一生的重大方向和人生状态；一个人是否遵守道德规范，影响着他的人际关系、名声，甚至成功与否。所以，在这两个大方向上，爸爸一定要给孩子做好榜样。

守法这一点不用多说，爸爸基本上都能做一个遵守法纪的人。需要提醒的是，由于孩子在年幼时没有法律观念，因此很多小孩会"不辨是非"，觉得一些小偷小摸或者打人行为不触犯法律。如果这种观念长期得不到纠正，就会在孩子心中滋长，最后形成难以改正的错误思想。这将对孩子产生非常大的负面影响。因此，从孩子懂事的年纪开始，爸爸就应该常向孩子传递法律意识，告诉他怎样做是法律所允许的，怎样做是触犯法律、必须受到惩罚的。

★ 爸爸在家要言行谨慎

很多平时在外忙碌的爸爸，觉得家里就是自己放松身心的港湾。因此，回家后总是不太注重自己的言行举止，不是发牢骚抱怨社会，就是把自己懒散、贪图享乐的一面都展现出来。每个孩子都是非常期待爸爸回家的，爸爸在家里的少量时间，正是他们亲近爸爸、学习爸爸的时刻。如果爸爸总是将上述不好的言行展现在家里，那么孩子从爸爸那里接收到的将全是负面能量，久而久之，孩子也会变成一个懒惰又爱抱怨社会的人。

同理，如果你是一个爱抽烟的人，你的孩子长大之后也可能是一个“大烟袋”；如果你酗酒成性，你的孩子将来也可能是个酒鬼；如果你经常撒谎、不讲诚信，你的孩子也会长成一个品行不正的人……

这就警示爸爸们，有了宝宝之后，千万别再把家当作一个言论和行为完全自由的地方。谨言慎行，有所选择地展现自己好的方面，孩子才能从你这里学到好习惯、好行为。

【忙爸爸一分钟教子金句】

爸爸就像孩子的一面镜子，孩子则是爸爸的“复制品”。如果爸爸想收获一个品行上佳、言行出色的孩子，那么就要在孩子面前展现出自己最好的一面。这种以身作则的力量，远远胜过一堆空泛的大道理。

第二节

挖掘善良本质，奠定孩子的品行基础

爸爸应该赋予孩子的品质当中，善良应该是“名列前茅”的。因为对于一个人来说，善良是必不可少的道德品质，是其他很多美好品质的基础。

首先，一个人只有善良，不忍心欺负别人，他才能远离法律和道德的禁区，不做自毁前途的事情；其次，一个善良的人，不欺骗别人，常常帮助别人，这会让他赢得无限的好人缘；再次，一个善良的人，不咄咄逼人，这能使他远离口角、恩怨纷争。总之，善良的人不容易嫉妒、不轻易害人，更不得罪人，他会拥有一个平和、从容、快乐的人生。因此，当忙爸爸们从百忙之中抽出身来的时候，千万别忘了对孩子进行“善良教育”。

对孩子进行善良教育其实是一个比较容易的功课。中国有句古话，叫作：“人之初，性本善。”我们会发现，几乎所有的孩子在最初产生自我意识，明白别人与自己是不同的个体时，就会表现出一定的善良本质。比如，他们看到别的孩子哭，自己也会伤心地哭起来；他们总是舍不得踩树下的蚂蚁，小心翼翼地保护它们；他们甚至对玩偶也充满爱心，看到它们被弄脏、弄坏也会不开心……

这说明，每个孩子其实本性都是善良的，只不过在一些不良环境的熏陶中，在某些负面因素的影响下，一些孩子才表现出“不善良”的一面。而爸爸在“善良”这堂课的教育中，其实就是要挖掘孩子善良的本质，保护孩子不受负面信息的影响，让他的善良发展下去。

★ 尊重孩子善良的本质

每个孩子小时候都会做一些善举，但爸爸们可能由于粗心而忽略了这一点，甚至无意中否定了孩子的善举，这就可能导致孩子的是非观被扭曲，分辨不清楚自己是否应该做好事，因而逐渐在日后的成长中迷失自己，丢掉善良的品质。

一个7岁的小男孩，非常喜欢小猫小狗之类的动物。他常常为流浪在外的猫狗感到伤心。后来，他在自家的院子里搭建了两个简易的小窝：一个用来收留流浪猫，一个用来收留流浪狗。他每天精心喂它们吃饭，帮它们收拾小窝，没事的时候还会跟它们玩耍。

在外出差的爸爸回家之后，看到这幅景象，立刻训斥他道："那些脏兮兮的猫狗你弄回来干什么？它们有多少病菌你知道吗？"说完还觉得不解气，上前一脚踢翻了猫窝。小猫们吓得四散逃走了。小男孩又生气又伤心，他有点搞不懂：老师都表扬他有爱心呢！为什么爸爸这么反对？他暗暗地想：既然这些小生命都让爸爸很讨厌，那爸爸干吗要养鸟？

第二天一大早，小男孩的爸爸醒来时，发现鸟笼子不知被谁打开了，养的名贵的鹦鹉飞走了。

爸爸们有时粗心大意，来不及分析孩子的行为出于什么心理、是否值得保护，就急着去控制或者否定他们，这很可能影响他们品质的形成。因此，当爸爸们看到孩子对某个东西非常仔细地呵护时，要知道那绝不仅仅是一个表面的行为，它是孩子们爱心、善心的表现。所以，即使他们的方法不正确，爸爸也要先肯定他，再帮他调整方式，这样才不会使孩子是非不辨、由"善"生恨。假如上述事例中的爸爸先表扬孩子有爱心，再告诉他猫狗可能携带病菌，让他在家之外的一个固定地点定时喂它们，想必孩子心中产生的怨恨和不满就不会那么深，当然也不会放走爸爸的鹦鹉了。

★ 用自己的善行影响孩子

一个爸爸带着孩子外出吃了一顿丰盛的晚餐，之后两人又抱着大桶饮料和爆米花在电影院看了一场儿童电影。最后，父子俩挺着个鼓鼓的肚子往家走。就在快到家的时候，两人看到路边站着一个卖红薯的老大爷，寒风中他瑟瑟发抖，不停地跺着脚，显然已经冻坏了。这时，这位爸爸走过去，掏钱买下了两个红薯。

离开摊位后，儿子问爸爸："爸爸，我们都吃得这么饱了，你为什么还买红薯呢？"爸爸回答："因为我不忍心看那个老爷爷在这么冷的夜晚还摆摊啊，我现在不饿，但可以买了明天再吃。这样老爷爷就能早点回家了。"儿子认真地听着，这番话似乎已经深深地印在了他的心里。

爸爸行善的举动，通常会鲜明地印在孩子的心里，因为这时的爸爸不同于平时在家见到的爸爸，他做的事情也给孩子带来了新鲜感，为孩子灌输了道德观。如果爸爸能让孩子多看到自己行善的一面，孩子在这种影响下也会成为一个善良的人。

★ 让孩子明白行善要适度

孩子善良、喜欢帮助别人当然是一件好事，但爸爸也要注意适度原则，要让孩子懂得有选择性地行善。

行善适度，一方面是要在一个范围内行善，而不是不顾实际地、倾家荡产地去行善。就像热衷于慈善事业的大明星李连杰所说："做善事是要在保证自己生活水平不受影响的前提下进行的，而不是帮助了别人之后，自己却成了需要帮助的人。这样的行善才是平衡的、正确的。”爸爸教育孩子行善也是一样，并非帮助一个贫困山区的孩子就一定要把他接回家，给他富裕的生活；也不是关心流浪动物，就要统统把它们救到家里。帮助别人、做善事都要适度，这样的行善也才能长久。

适度行善的另一方面，是指要让孩子明白有些“弱势群体”并不是真的值得帮助。比如，在街上遇到乞丐，如果是年迈的、无工作能力的人，或许可以伸出援手；但如果是年纪轻轻、身体健康的人，则一定要让孩子明白这是好吃懒做、不想付出只想收获的人，不值得同情。又如，帮助别人要注意自己的安全，在街上帮助老年人提东西是可以的，但随便送陌生人回家不可取。也就是说，帮助别人最好在人多、安全的前提下进行，遇事要多考虑自己的安危。

总之，教育孩子多播种善良是没错的，善良一定会赋予孩子一个美好的人生。但一定要注意适度原则，不要让孩子在奉献爱心的同时伤害到自己。

【忙爸爸一分钟教子金句】

善良是孩子将来的“立身之本”，善良一定会让孩子将来的人生熠熠生辉。忙爸爸不可忽略善良的教育，这对孩子来说，比多记住一点知识要重要得多。

……第三节…………………

家事身体力行，不做甩手掌柜

一位妈妈边做家务，边发着牢骚：“我嫁人的时候没看清楚，嫁给了一个这么懒的男人，我认了！谁知道生出来一个儿子，也是这个德行！我每天好像养了一个老爷、一个少爷！”客厅的沙发上，一对父子懒洋洋地半躺着看电视，连姿势都惊人相似。

当我们看到这样一个场景时，或许会觉得妈妈的牢骚有些夸张，但如果仔细观察现实中的家庭，就会发现孩子的性情、行为，的确和他的父母惊人地相似。而在父母对孩子的影响之中，尤以父亲对孩子的影响更大。儿子身上显现出来的性情特点，跟爸爸极为相似；即使是女儿，身上留有的爸爸“印迹”也非常明显。

因此，假如忙碌的爸爸们总是把家当作一个完全放松的地方，回家就什么都不做，常年在家中扮演“甩手掌柜”的角色，那么他的孩子也会“沿袭”爸爸的这种习惯，成为一个在家中“无所作为”的人。所以，爸爸们如果不希望将来自己的孩子是别人口中的“懒女”或“懒汉”，甚至无法独立自主地生活，那么就要身体力行，多参与到家务中来；不要在家中做一个甩手掌柜，给孩子一个“闲散人”的印象。

★ 让孩子知道每一个家庭成员都有相应的责任

爸爸在家中承担一些家务，可以让孩子明白：每个家庭成员都有相应的责任，必须承担起自己分内的事情。这对于增强孩子的责任感和担当意识是非常有益的。

阳阳的父母工作非常忙碌，所以便把他送到了一所寄宿学校。谁知还不到一个月，阳阳的老师就几次通知他的父母，说阳阳无法和室友共处，请他们暂时将阳阳接回家。父母到学校了解情况后，才知道原来阳阳在宿舍非常懒，不仅不打扫公共卫生，连自己的床铺也不收拾，他的书桌也经常让别的同学来打扫，他的脏衣服、脏袜子更是随地乱扔，从来不洗。室友提过意见，老师也劝导过他，可他却说："我从来没干过这些！反正这不是我的责任！"阳阳的父亲听到这里顿时脸红了，原来，他在家里就经常推托家务："我这么多年都没干过家务！干家务不是我的责任！"

没有责任感的孩子不要说帮助他人、赢得他人的好感，就连自己那份责任也很难承担起来。而爸爸在家什么都不做的形象，恰恰容易给孩子树立这种"不负责任"的负面典范。所以，做爸爸的，无论在外面有多忙，回家之后还是应担负起一部分责任，并且要将之作为自己义务的一部分，而不仅仅是"给妻子帮忙"。这样，孩子才能在潜意识中形成家庭中每个人都有责任的概念，并将之贯穿到自己未来的人生当中。

★ 让孩子将来的人生更加优秀

实际生活中，我们常常看到这样令人哭笑不得的现象：大学毕业的年轻人，时尚信息了解得很透彻，电子产品玩得很转，新名词运用熟练，但在柴米油盐上却手足无措，甚至不辨菽麦、不懂常识。成立家庭后的他们，也只能做生活中的"婴儿"，不是在家务上推三阻四，就是干脆三餐叫外卖。另外，在事业方面，我们也很难想象如此懒惰的人能有什么出色的成就。可见，让孩子们从小就受到勤快的熏陶，使其成长为一个勤于动手的人，是爸爸们必要的责任。

犹太人非常重视对孩子勤奋的教育。他们认为，一个人聪明远远不够，还必须勤奋，才能有所作为。因此，他们把培养孩子从小就爱劳动作为孩子全面发展的一个重要部分。

一位犹太父亲，虽然已拥有足够的富裕，但还是想方设法培养他的七个孩子成为勤劳的人。他从第一个孩子出生开始，就有意在家中多承担家务，因为他明白父亲的行为对孩子的影响有多大。

最小的孩子长到五岁时，他就每年夏天都带着孩子到山里去住一段时间。他并不给孩子们下达任务，而是自顾自地帮助山里的人干活，包括喂牲口、挑水、砍柴、挖水渠等。当他这样做时，几个孩子都会主动地跟着他一起干。

若干年后，这七个孩子都有所作为，这位爸爸不无自豪地说："我认为我当年的行为给了他们较大的影响，他们至少从那时开始就学会了勤奋这个优秀品质，并且不怕吃苦了。"

在孩子所有的习惯中，勤奋可以说是至关重要的，并且是会跟随孩子一生的习惯。这个习惯，足以让孩子成为一个衣食无忧的人；如果他有天赋，再有一点运气，那么勤奋还将催化这两个因素，使他成为一名精英。相反，如果一个人不勤奋，那么即使他再聪明，多半也只能潦倒一生。所以，爸爸在家的时候给孩子树立一个勤劳的榜样，其实也等于在给孩子铺垫一个美好的人生。

★ 让孩子减少性别成见

爸爸在家时多干活，而不是"大男子主义"地只顾享受妈妈带来的舒适，这还有助于减少孩子重男轻女的性别成见。

新的研究发现，在家里经常干活的爸爸，能够向孩子传达一种男女平等的意识。对于儿子来说，这会让他们学会尊重女性，同时也避免沾染“大男子主义”的作风;而对于女儿来说，她可能会从爸爸那里寻找到社会对于女性的预期，成年后会更愿意寻求家庭之外的工作，而不仅仅把家庭当作自己的“主战场”，做一辈子家庭主妇，或者“男人背后的女人”，所以这对她们今后的职业抱负是有积极影响的。

可见，爸爸在家里的行为极为重要。父母家务分担得越平等，孩子的行为也就越少带有性别成见。

总之，常年在外忙碌的爸爸，千万不要忘了自己对家庭的一份责任。回家之后，多做一些家务，尤其是要承担起粗重、电工技术等“专属男人”的家务，这对孩子来说将意义非凡。

【忙爸爸一分钟教子金句】

爸爸在家中的行为，其实就是一堂给孩子生动的成长课。爸爸现在的行为，就是孩子将来的行为。爸爸们要牢记这一点，在外拼事业，回家之后则要给孩子做一个好“老师”。

……第四节……………………

居家从俭，孩子不铺张浪费

每个爸爸都不能伴随孩子的一生，但会担忧孩子的一生：担心孩子以后没有挣钱的本领，担心孩子没有无忧的生活，担心孩子没有生存的保障。有些爸爸将这种担心化为赚钱的动力，恨不得自己把世界上的钱都赚尽，给孩子留下吃不完的金山，才算放心。但现实是，世界上根本不存在花不完的钱。如果孩子不会合理利用，再多的财富也会被挥霍一空，更不能成为保障他一生的凭据。因此，爸爸们要留给孩子的，不是巨额财富，而是管理财富的意识和技能。

多年前有个木匠，他的手艺很好，生意当然也不错。他挣的钱并不少，对生活条件的要求也很高，总是追求吃得好、住得好、穿得好、用得好。因此，他虽然赚得多，但始终没有积蓄，甚至时常要借外债。他很苦恼，于是便求助于附近一个富翁——他听说这个富翁原本是一个很穷的人，但最后不知怎么慢慢富了起来。

他找到富翁家里，说明来意。富翁笑笑说："这其实很简单。你等等，我先把灯关了，就来告诉你。"说着，他立刻就关掉了灯。这个木匠也是个聪明人，他立刻就明白了。他非常高兴地说："谢谢你！我已经懂得了，致富之路其实就源于'节俭'二字！"

中国有句古话，叫作"富从俭中来"。那些积攒了很多财富的人，挣钱的方式和能力各有高低，但有一点是相同的，那就是都很节俭。另外，世界上也不乏那些挣钱很快、花钱无数的人，这些人最后往往也不得善终。可见生活有保障的人，除了拥有赚钱的本领，还与他懂得节约有关。

然而，如今生活相对富足，且每个爸爸辛苦赚钱也都是为了让孩子有更好的生活。爸爸们如何在不让孩子过于吃苦的前提下，教导孩子学会节约呢？？

★ 让孩子知道每一分钱都来之不易

很多爸爸用自己坚强的脊梁扛起了家庭的经济重担，不管多么辛苦都心甘情愿，从来不愿意在孩子面前提自己的工作、说自己赚钱很辛苦。这虽然可以说是伟大父爱的一种体现，但也在无形中给孩子灌输了一种不好的概念，那就是:不知道钱是怎么来的，不知道钱的背后是爸爸的辛苦，只知道花钱时的痛快和享受。长期如此，孩子自然不懂得节约，只知道挥霍。

因此，建议爸爸，可以用孩子能够理解的语言，告诉他自己是怎样工作的，是付出怎样的辛苦之后才赚到钱的。如果有条件，还可以把孩子带到自己工作的地方，让他更深刻地了解钱的来源。

另外，如果有必要，父母还可以让孩子体会一下赚钱的感觉。国外很多父母都实行让孩子自己赚零花钱的方法。随着孩子年龄的增长，他们会不断给孩子安排一些他们力所能及的家务，如扫地能赚多少钱、修剪草坪能赚多少钱等。这样，既能让孩子养成做家务的习惯，又能让他了解到钱的来之不易，从而懂得节约钱财。

★ 教孩子学会存钱

在一个家庭中，没有经济来源的孩子是一个“纯消费者”，在爸爸看来，孩子就是花钱的，与存钱沾不上边，也没必要存那“仨瓜俩枣”。这其实是大错特错的想法。实际上，教孩子存钱，与金额多少无关，而是在教会他们一种理财的观念。

以最富有、最会赚钱而闻名的犹太人中流传着这样一句话：“有时候，把钱存起来比花掉更好。”几乎所有犹太家庭都将“存钱是一个很好的美德”作为家训。

在犹太家庭中，父母会要求孩子把自己至少一半的钱存入银行，不管是通过自己劳动挣来的，还是从大人那里领来的，这都是每一个犹太家庭对孩子最起码的要求。犹太人认为，存钱是致富的第一步，如果一个孩子学会了存钱，他的一生就有无限希望。只有会存钱的人，在做生意、投资的时候才能拿出钱来，也才有致富的机会。假如一个孩子没有把钱存下来，而是随意花掉，父母一定会教训他一顿，告诉他花完钱的后果，再来与他大谈一番理财的意义。

当孩子有了压岁钱、零花钱后，爸爸们千万不要豪气地说“拿去花”，要知道这不是在爱孩子，而是在给孩子灌输错误的观念。爸爸应该告诉孩子：“可以拿一部分去买你认为有必要、有用的东西，把剩下的一部分存起来。”

★ 与孩子签订一份花钱合约

与孩子签订花钱合约的意义，在于让孩子懂得：花钱并不能随心所欲，而要有所节制、遵守一定的规矩。签订花钱合约，目的并不在于约束孩子不花钱，或者花很少的钱，而在于让孩子有管理自己小财产的意识和能力。

美国石油大王洛克菲勒从来不嗜奢华，更不许家族成员肆意挥霍财富。他在教育子女时，非常重视培养他们吃苦耐劳和勤俭节约的品质。他曾给自己十四岁的儿子小约翰订立了一份关于零花钱的备忘录，共计十四条，下面是其中几条的摘录：

1. 从 5 月 1 日起，零用钱起始标准是每周一美元五十美分；

2. 每周末核对账目，若财政记录让父亲满意，下周的零用钱增加十美分；

3. 若财政记录不符合规定或者不让父亲满意，下周的零用钱减少十美分；

4. 如果当周没有可记录的收入或支出，下周的零用钱保持不变；

……

8. 双方同意至少 20% 的零用钱将用于储蓄；

……

13. 对于约翰存进银行账户的零用钱，超过 20% 的部分，父亲将向约翰的账户补加同等数量的存款，以资奖励；

……

从上面几项条款中可以看出，洛克菲勒签订合约的意义绝不仅是让约翰省钱，更不是不花钱，而是企图引导他学会自主、合理地管理自己的财产。这种引导将促使约翰形成良好的理财习惯，这将是他一辈子的财富和生存保障。

爸爸们在和孩子签订花钱条约的时候，可以根据孩子的年龄和理解程度，从简单到复杂，最好不要明确要求孩子必须花多少、存多少，而是像洛克菲勒一样，用引导的方式让孩子自发地学会积累财富。

从孩子三岁开始，爸爸就可以逐渐向他解释钱的用法、来源和管理方法了。俗话说三岁看到老，对于理财的教育，如果能从三岁开始，这对孩子的一生将会是非常了不起的“投资”。

【忙爸爸一分钟教子金句】

赚钱是一种能力，而用钱、攒钱则是一种智慧。爸爸如果想给孩子一个踏实、稳定的富足人生，就一定要灌输给孩子节约的理财观念。

……第五节……………………

言行一致，诚信的孩子人缘好

法国作家大仲马曾经说过这样一句话："当信用消失的时候，肉体就没有生命。"匈牙利诗人裴多菲也说过："我宁愿以诚挚获得一百个敌人的攻击，也不愿以伪善获得十个朋友的赞扬。"诸多事实和言论都表明，诚信是一个人必不可少的品质，甚至是一个人在社会上立足的根本。只有以诚信为原则和基础与别人交往，才可能得到别人的信任和尊重。相反，撒谎、不讲信用、坑蒙拐骗的人，也许会获得短暂的利益，但迟早要受到惩罚——他不会有真正的朋友，更不可能得到别人的帮助；同样也不会有永久的收获和利益。

一只鳄鱼常年生活在水里，非常想看看岸边的风景。于是，它便爬到沙滩上去晒太阳。但由于它爬得太远，最后发现自己没有力气回到水里了。就在它感觉自己的生命濒临灭亡的时候，它看到一个身强力壮的小伙子走了过来，于是请求他将自己背回水里，并表示自己一定会十分感激他的帮助。小伙子不忍心看它死在沙滩上，便伸出援手帮助了它。谁知道，鳄鱼回到水里恢复了体力后，立刻改变了主意，想吃掉这个小伙子。小伙子全力反抗，最后，眼看就要被吞掉的时候，一只河马走了过来，对小伙子喊道："我来帮助你，我们一起把鳄鱼再推回岸上。"小伙子和河马费尽力气，不顾鳄鱼"后悔求饶"，再次将它远远地扔到了岸边。最终，这只不讲信用、恩将仇报的鳄鱼受到了惩罚，死在了沙滩上。

不守诚信的人，是难以在这个社会上立足的，更难被大多数人接受和喜欢。因此，爸爸要想孩子将来有良好的社会关系，能在激烈的竞争中争得一席之位而不遭到他人的排挤，就必须要从小教育孩子诚信。

那么，平时忙碌无暇的爸爸，应该抓住哪几个方面的重点对孩子进行诚信教育呢？

★ 教育孩子不要撒谎

几乎每个孩子都会有一个爱撒谎的阶段。研究表明，通常情况下，孩子在4岁左右都会出现一些撒谎行为。这时，孩子对“什么是事实”已经比较了解，他们或许因为好玩，或许故意要做出逆反行为，从而歪曲事实，对大人撒谎。

这时孩子撒谎虽然不是恶意的，但如果不加以纠正，孩子可能由此“撒谎上瘾”“撒谎成性”，将来变成一个信口开河、满口谎话的人。因此，当爸爸在这个时期发现孩子有说谎行为时，一定要加以制止，并且告诉他这样是不讨人喜欢的，也会让爸爸和妈妈生气。孩子在小的时候都有一种非常依赖父母的情结，尤其担心父母不喜欢自己。因此，爸爸这样说对孩子非常有效，无须动怒或者打骂孩子。

另外，爸爸需要注意的是，如果你的孩子在2、3岁就开始“撒谎”，则千万不要训斥孩子。这是因为，孩子在3岁之前通常对事实理解不清，这时他们说出与事实不符的话并不一定是撒谎，而是理解能力或者表达能力有限，抑或是天马行空的想象。这时爸爸如果加以纠正，孩子可能会思维混乱，更加分不清事实真相。所以，这时爸爸不妨顺其自然，保护孩子那可贵的想象力。

★ 告诉孩子不要泄露他人的秘密

在处世中，一个人能否保守别人的秘密，是其是否诚信、是否值得信赖的试金石。在孩子长到一定年龄之后，他们开始有自己的朋友，并会互相分享自己的小秘密。而种种心理研究都表明，当一个人得知一个秘密时，都会沉不住气想将它透露出去。而诸多事实又表明，一个人如果守不住别人的秘密，那么不管他有多么优秀，都难以交到真正的朋友，也无法真正被别人尊重。所以，爸爸应适时告诉孩子，保守别人的秘密，是一件非常必要的事情。

儿童心理专家称，只有6～9岁的孩子才会经常思考该不该把别人的秘密泄露出去。到了10岁之后，孩子就会用友谊的标准来衡量自己的行为。12岁时，孩子就会越来越多地感受到自己有为别人保守秘密的责任。他们会明白，泄露别人的秘密将意味着自己失去诚信，也将失去一份友谊。因此，在孩子6岁时开始教他保守秘密的道理，一直持续到9～10岁，这是爸爸们教孩子诚信的必要环节。

★ 以身作则讲诚信

莎士比亚曾经说过："如果要别人诚信，首先要自己诚信。"在家庭生活中，如果爸爸经常出尔反尔、信口开河，孩子的思维世界也一定会被谎言所充斥，当然也无法成为一个诚信的人。因此，要想教育出一个诚信的孩子，首先自己要做一个诚信的老爸。

我国古代著名的思想家曾子，就很懂得通过树立诚信的榜样来达到教育孩子的目的。

曾子的妻子去街上买东西，儿子哭闹不已，一定要跟着去。妻子被他哭烦了，就随口说："你如果待在家里，我回来就给你杀猪吃！"儿子听了很高兴，立刻乖乖在家等着。

一个时辰后，妻子回来了。曾子立刻提刀要去杀猪，妻子拦住他，说："我就是哄他玩玩，他是一个小孩子，不杀又能怎样？"

曾子严肃地回答：“不杀，我们就变成了没有诚信的父母，孩子将来也会成为一个不讲诚信的人。”妻子哑口无言了。

曾子诚信的行为果然影响了他的儿子。一天晚上，外面下着大雨，儿子却抱着一把包裹好的竹简往外跑。曾子问他干什么去，他回答：“我答应朋友今天要把竹简还给他！我不能言而无信啊！”

每个孩子都会模拟大人的行为，关于诚信等品质的模仿更是深入骨髓。因此，爸爸教孩子诚信最好的方法，就是自己先做一个诚信的人。

关于诚信的教育，不能只是一个口号，还必须落实到生活的各个方面。只有这样，孩子才能真正成为一个诚信的人。

【忙爸爸一分钟教子金句】

诚信，是一种力量的象征，是一种光明人格的写照。没有诚信的人，人格一定是低下的，将来在社会上也无法立足。

……第六节……

做事专注，给孩子一个高效人生

终日为事业忙碌的爸爸们都懂得这样一个道理：专注能产生高效率。而从长远来看，专注能让人拥有一个高效的、不一般的人生。但当爸爸们回到家里面对孩子时，却经常发现孩子的状态完全跟专注不沾边：看书还不到五分钟，就开始望着窗外出神；写作业还不到一半，就开始玩起笔来；给他讲一个好玩的事，他还没听到结尾，就迫不及待想跑出去玩……孩子做事不超过三分钟热度的状态，常常让爸爸非常担心，害怕他将来在工作上也是一个不专注的人，害怕他的人生因此而变得碌碌无为。

确实，历史上凡是事业有所成就的人，在工作和学习时总是能高度集中精力。

著名的化学家和物理学家居里夫人，之所以能成为学术界一颗闪耀的明星，与她做事专注分不开。

居里夫人从小做事就很专心，在她读书和学习的时候，总是百分百投入，甚至完全不知道周围发生了什么。即使有人故意使坏，发出喧哗之声，她的注意力也不会为之分散。一次，她的几个小姐妹搞恶作剧，用六把椅子在她身后搭了一个三角形的"木塔"，她正专注地看书，一点也没有注意到身后的异样。几分钟之后，木塔轰然倒塌，小姐妹们哄笑起来，她却依然对此一无所知，仍旧继续读自己的书。

作家西塞罗曾经说过："任凭怎样脆弱的人，只要把全部的精力倾注在唯一的目的上，必能使之有所成就。"也就是说，一个人的成功与否可能与他的天资并没有特别的关联，反而与他是否能够专注做事有着非常大的关系。而很多研究和事实也表明，一个人在孩童时期形成的注意力方面的习惯，多半将伴随他终生。在成年以后，即使他非常愿意为改变注意力不集中的习惯而付出努力，往往也是很难成功的。因此，爸爸千万不要觉得孩子还小，注意力容易分散没关系，长大就好了。如果看到孩子总是注意力不集中，就一定要想办法帮孩子改正这个习惯。

★ 让孩子学会在一个时间段里只做一件事

有人曾经问爱迪生："你认为自己成功的第一要诀是什么？"

爱迪生回答："我觉得，将身体与心智能量持续不断地运用在同一个问题上，这就是成功的秘诀。试想，大部分人都是早上六七点起床，晚上十一二点睡觉。不同的是，这十几个小时中，有的人用来做一些事情，处理一些问题；而我只用来做同一件事情。效果当然不一样。"

没错，每个人的精力和时间都是有限的，如果能够集中在一点上，必然会在这一方面取得成功。因此，爸爸如果想训练孩子集中注意力，首先要教会他们的一点，就是在一个时间段内只做一件事。比如，当爸爸看到孩子一边唱歌，一边写作业的时候，必须要引导他们专心致志做作业；当看到孩子一边看书，一边摆弄玩具的时候，要告诉孩子看书一定要一心一意。爸爸不断巩固孩子专心做事的行为，这会使他养成一个良好的习惯。

★ 给孩子创造一个不受打扰的环境

很多时候，孩子之所以无法集中注意力，往往是因为粗心的父母没有给孩子创造一个不受打扰的环境。比如，有时孩子在做作业，爸爸则打开电视看新闻，孩子就会被电视的声音干扰；有时孩子在思考问题，爸爸又打开广播听足球赛事，孩子的注意力又会被吸引过去；有时孩子很专注地向爸爸讲述一件事情，爸爸却总是打断，孩子就不得不艰难地重新整理自己被打乱的思路，久而久之，孩子甚至经常会在讲到一半、想到一半的时候走神……这些平时被爸爸忽略的细节，或许正是孩子注意力难以集中的“罪魁祸首”。

因此，爸爸一定要尽量给孩子创造一个不被打扰的环境。除了上面所说之外，爸爸还应该注意以下细节：

1. 孩子学习的书桌，最好不要靠近窗户，以免窗外的景物分散孩子的注意力，同时也避免阳光直射孩子的眼睛。

2. 保证其他客观因素有利于孩子集中精力，比如让孩子有充足的睡眠、不要过于疲劳等，这些都是让孩子更专注的因素。

★ 让孩子学会自我控制

忙碌的爸爸们或许会说自己没有太多的空闲来看管孩子，让他专注学习或其他事情。实际上，爸爸也不用总是盯着孩子，否则会让孩子产生一种依赖心理，即有人看着才专心学习，没人看着就走神。爸爸要做的，首先是提醒孩子，让他学会主动做事；其次是检查效果，让孩子反思自己没能集中注意力的原因；第三是表扬孩子，鼓励是能让孩子不断地坚持下去的动力。

★ 根据孩子年龄进行有针对性的训练

爸爸们需要注意的是，培养孩子的专注力，并不等于长时间把孩子绑在书桌前，要注意根据孩子的年龄特点调节强度。

儿童专家表示，孩子年龄越小，注意力集中的时间就越短：两岁的儿童，注意力集中的时间平均为七分钟，三岁为九分钟，四岁为十二分钟，五岁为十四分钟。因此，我们对于孩子，特别是三岁以前的孩子，不能苛求他保持很长时间的专注力。

爸爸们应该在充分了解孩子身心特点的情况下，科学合理地培养他的专注力，而不是一味苛求和强制。

总之，孩子如果能够做事非常专注，那么他几乎相当于拿到了一张进入“优秀人士行列”的门票。因为只有专注的人，才能将他的精力集中于一项事业，才能取得成功。

【忙爸爸一分钟教子金句】

专注力是使孩子天资被放大、聪明智慧被充分调动、潜能被充分激发的有力武器，爸爸帮助孩子培养专注的好习惯，就等于给了他一个高效的、成功的人生。

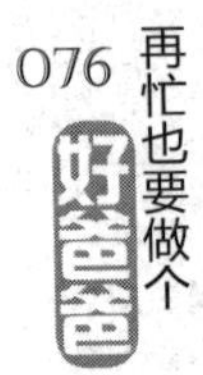

……第七节……

拒绝威胁和苛刻，收获宽容随和的孩子

每个孩子都是可爱的天使，他们有时候很笨拙，有时候很贴心，有时候很乖巧，他们美好的一面总能让回到家的爸爸感觉到温馨、幸福。不过，每个孩子也都有他“可恶”的一面，有时他的无知会引发一场灾祸，有时他的不聪慧、不博学的脑袋会学不好知识，有时他叛逆、不听话……面对孩子这些不可爱的表现，爸爸们有时能够宽容、耐心地对待；而很多时候——尤其是自己情绪不佳的时候，难免会对孩子态度粗鲁，不仅会苛责孩子，甚至会威胁孩子。

也许在爸爸看来，威胁和苛责是一种快速解决问题的方法，殊不知，这可能给孩子带来很深的伤害。一方面，孩子可能因为受到粗暴的对待而变得懦弱、自卑；另一方面，孩子还会无意中模仿和学习爸爸的这种行为，从而也变成一个喜欢苛责别人以及用威胁性语言和别人沟通的人。

对于爸爸来说，也许是无意识的行为和言论，但对于孩子来说就会被放大。因此，爸爸还是有必要纠正一下自己的言行，回家之后尽量表现出宽容、温和的一面。

★ 宽容对待孩子的错误和无知

每个人都是从无知中慢慢积累出丰富的知识，从不懂事成长为懂事，从“不会”渐渐变得会做、能干。每个人的人生都是一个学习的过程。因此，对于动作相对缓慢、脑筋相对“转得不快”、缺少经验和知识的孩子来说，爸爸应该给予极大的理解和宽容。如果爸爸总是挑剔孩子没做好事情，总是批评犯错的孩子，那么孩子就会变得畏首畏尾，不敢做事、不敢说话。因此，爸爸们面对孩子时不要总是心急，不妨试着去理解他们缓慢的步调，宽容他们的无心之错，付出一些耐心，孩子一定会成长为一个优秀的人。

思思在卫生间里像模像样地学着妈妈的样子洗手绢，边洗还边哼着愉快的歌曲。爸爸在客厅的沙发上看报纸，时不时会看一眼自己可爱的女儿。突然，卫生间里传来脸盆扣翻、水洒了一地的声音，思思的歌声也戛然而止。爸爸偷偷瞄了一下，看到脸盆里的水一点也没剩，全都洒了出来，弄湿了地板和思思的鞋子。他刚想说话，但一看见思思惊慌失措的表情，并且正要抬头看自己，他立刻低下了头，假装没听到、没看到，继续看报纸去了。

不一会儿，爸爸听见思思把脸盆弄好、重新接水的声音，还听见思思把自己的鞋子脱下来、在脸盆里洗鞋子的声响，甚至还听见思思吃力地用墩布擦地的声音。当思思呼哧呼哧干完这一切的时候，她非常快乐且自信地跑到爸爸面前，兴奋地说道："爸爸，我不光会洗手绢，还会刷鞋了呢！我棒吗？"爸爸立刻给了思思一个大大的拥抱和亲吻，夸奖道："我的女儿棒极了！爸爸以你为傲！"

试想，如果这个爸爸一见到"灾难"发生，不顾女儿是否已经感到害怕和后悔，就立刻苛责她，想必结果一定不会是女儿自信地收拾好一切，而很可能是女儿再也不敢独自洗手绢了。这位爸爸的做法给我们提供了一个很好的参考：对待孩子的笨拙和错误，采取睁只眼闭只眼的方式，这种宽容，会让孩子拥有足够的空间去思考和改进，这也是他们快速进步的机会。

★ 用鼓励和表扬代替威胁

生活中，我们经常听到有些爸爸在着急的时候会威胁孩子："你再不听话，我就把你关起来。”“你再考不及格，以后就不要上学了。”“再玩电脑我就把它砸了。”可能脾气再好的爸爸，也会对孩子威胁几次、吼叫几次。也许爸爸觉得事情很快能烟消云散，但实际上这对孩子的伤害可能是永久性的。

首先，爸爸应该明白，无论什么事情，威胁孩子都起不到自己想要的快速解决问题的效果。这是因为，遭到威胁的孩子，通常会因为慌乱而无法理解爸爸真实的意思，反而会丧失对事物的判断能力，进而懦弱地服从命令。也就是说，孩子只不过是因为害怕爸爸的威胁而顺从了，却对事情的概念更加模糊了，下次遇到同样的事情，他们或许还会犯同样的错误。

其次，遭到爸爸严辞威胁的孩子，内心会产生极大的恐惧。儿童医学专家表明，强烈的恐惧气氛和突发的恐惧事件，会使人的神经中枢受到强烈的恶性刺激。而孩子的神经发育还不完善，各组织器官比较脆弱，很可能在受到惊吓后出现发育缓慢、语言障碍等方面的毛病。

可见，爸爸威胁孩子的行为是有百害而无一利的。这就警示爸爸，在面对孩子时，要有足够的控制情绪的能力，做到不威胁孩子，用鼓励和表扬的方式启发孩子。比如，爸爸希望孩子努力学习，那就不要用辍学来威胁他，而是要告诉他：“我相信你已经尽了自己的努力，但我也相信你绝对还有进步的空间。如果你继续努力，下次一定会比这次考得好。”这样，孩子就会明白，爸爸很信任他，并且在鼓励他学得更好。

★ 用自己的宽容影响孩子使之成为一个宽容的人

某个幼儿园新来了很多学生，由于老师一时疏忽，误将一个孩子锁在了教室里。几个小时后，孩子的爸爸和老师终于找到了他。这时孩子已经哭得筋疲力尽，显然是受到了不小的惊吓。这个老师内疚极了，也害怕极了。她不断安慰孩子，并且等着孩子爸爸的斥责甚至是谩骂。

谁知，这个爸爸一点儿生气的话都没说，反而是对自己的儿子说：“刚才老师找不到你的时候紧张极了。现在没事了，你是男子汉，不要哭。你要谢谢老师关心你呀！”这个孩子果然擦干了眼泪，没有一句抱怨，反而用小手抱了抱自己的老师。

坏事发生的时候，很多爸爸都难以控制自己的情绪，会去苛责别人。但当事实已定，发怒也于事无补时，不妨给孩子做出一个好榜样，用宽容的态度来对待犯错的人。这样，孩子也会慢慢变成一个遇事不苛责别人、不推卸责任、不抱怨的宽容之人。

【忙爸爸一分钟教子金句】

做一个宽容大度的爸爸，不仅是给孩子一个自由成长的空间，也是无形中促使孩子成为一个宽容大度的人。宽容之人，表面上原谅的是别人，其实受益的最终都是自己。

……第八节…………………

日省吾身，别让孩子复制你的坏习惯

所谓习惯，是指不断重复或练习而形成的固定的行为模式。习惯对一个人来说是极为重要的，它会伴随我们的一生，影响我们的生活、事业，甚至整个命运。而一个人从小受教育的过程，可以说就是一个形成习惯的过程。如果能够形成良好的习惯，那么这将成为孩子永不干涸的清泉，源源不断地补给其甘露；而如果在小的时候形成了坏习惯，那么这将成为羁绊孩子一生的拦路石，阻挡孩子走向优质的人生，甚至会毁掉孩子人生的安稳、平安和自由。

而孩子形成良好习惯的最关键因素，就是父母的影响。其中，家里那个“很酷的人”——爸爸更是对其影响至深。

★ 爸爸要保持健康的生活习惯

有个爸爸是个大酒鬼，经常喝到后半夜才回家。回到家后也总是一副醉醺醺的样子，嘴里胡话满天。他的儿子很少看到他清醒的样子，更别提能和爸爸一起玩了。

有一个冬天，天上飘起了鹅毛大雪，道路上积了一层厚厚的雪。这天，他和往常一样，准备走向自己常去的那家酒馆。谁知刚走到一半，就听到后面有一个熟悉的声音，原来是老婆让儿子来喊自己回家。他不想理会，一边继续往前走，一边让儿子自己回家去。

儿子毕竟是个小孩，看见雪就非常兴奋。他哪里听得进去爸爸的催促，只是自顾自地踩着雪轻快地走，一边走一边还说：“爸爸，你看，我正踩着你的大脚印，走你走过的路呢！”

儿子的这句话像一记耳光，顿时打醒了这个爸爸。他想："如果我继续嗜酒成性，我的儿子将来就会步我的后尘，跟我一样变成一个大酒鬼。"想到这里，这个爸爸立刻转过身，牵起儿子的手回家了。

相信对生活有所观察的爸爸都非常清楚，这个案例并非个案，而是很普遍地存在于现实生活之中，那就是孩子所走的路往往是爸爸曾经走过的。因此，爸爸为了孩子将来能走一条"好路"，现在就要给孩子做出好的榜样。

第一，爸爸应该注意纠正自己的不良嗜好，比如抽烟、酗酒、沉溺网络游戏等。如果爸爸不愿改正，这些"毛病"就会像"遗传病"一样延续在孩子的身上，甚至延续到再下一代。

第二，爸爸要养成良好的作息习惯。孩子处于长身体的阶段，如果经常晚睡晚起，对身体的发育将有不小的害处；另外，从小就养成熬夜习惯的孩子，很难想象他长大之后能有良好的作息习惯和健康的身体。因此，爸爸不能总是口头告诉孩子"去睡觉"，而是要用行动来影响孩子，和孩子一起早睡，共同收获健康的体魄。

第三，饮食方面的健康对于孩子来说也非常重要。想必我们每个人都有这样的感受：儿时常吃的东西、吃饭的方式，都会深深刻在我们的脑海里，甚至影响我们一生的饮食习惯。所以，爸爸要给孩子做出良好的示范，多吃健康食品、按时吃饭，而不要一日三餐无规律，也不要常靠垃圾食品、零食来补充身体能量。

★ 爱干净的老爸不会有邋遢儿子

除了必须养成健康的生活习惯之外，爸爸还应该教孩子爱干净、讲卫生。如果爸爸自己就是邋里邋遢的，那么孩子将来也很难将自己的家打理得整洁、舒适。

小洁今年十岁了，其他同龄的小女孩都已经开始爱美、爱干净了，可小洁却活像个五岁左右的“泥小子”，回家之后衣服总是脏兮兮的，鞋子上也总是沾着各种脏东西。更令人哭笑不得的是，她回家之后就把鞋扔在客厅中央，把脏衣服扔在沙发上，脏袜子更是不知会被随手扔在哪里。

有一次，爸爸实在看不过去，就说道：“小洁，爸爸给你起这个名字，就是希望你给人的印象干净、整洁，你怎么却这么邋遢呢？”小洁眨巴着眼睛看着爸爸，说：“爸爸，可你平时也是这样的啊。妈妈给你提意见，你不是也说家里就该随便一点，这样没错吗？”这位爸爸顿时哑口无言了。

孩子的眼睛就像一台摄像机，会清楚地记录下爸爸的一言一行；孩子的生活又像一个小型电影院，会把自己记录下的演绎出来。所以，爸爸要当心自己的每一个行为举止，千万不要觉得“家就是最随意、最放松”的地方，从而把邋遢的生活习惯“传染”给孩子。

给孩子树立良好生活习惯的典范，爸爸应该至少保持自身干净、整洁，做好个人卫生，不要什么事情都交给妻子做；如果爸爸有时间，也要多照顾一下家庭的环境卫生，没事的时候动手扫扫地、擦擦玻璃。爸爸的这些行为都能传达出保持家庭整洁的意识和重要性，孩子也会逐渐在这种熏陶中，养成良好的卫生习惯。

【忙爸爸一分钟教子金句】

英国作家查·艾霍尔说过:“有什么样的思想，就有什么样的行为；有什么样的行为，就有什么样的习惯；有什么样的习惯，就有什么样的性格；有什么样的性格，就有什么样的命运。”爸爸给孩子树立好的习惯榜样，其实就是在为孩子创造一个幸运、优质的命运。

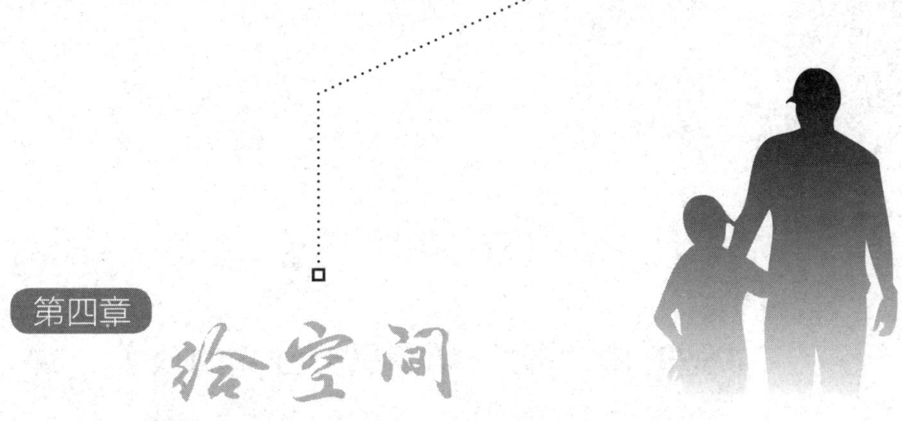

忙里偷“懒”，给孩子自由发挥的空间

忙爸爸带孩子，其实有一个可以“偷懒”的便利条件。爸爸非常忙或者非常累的时候偷偷懒，其实对孩子反而是有益的。前提是，你懂得什么时候是偷懒的好时机，并且知道该怎样偷懒。

……第一节……………………

适时偷“懒”，培养勤劳独立的孩子

“懒”爸爸不一定是不负责任的爸爸，相反，恰巧可能是一个非常懂教育的爸爸。爸爸不要觉得自己忙，肩负不了教育孩子的责任。有时你的忙，你的无暇顾及，恰恰是对孩子成长最好的催化剂。

爸爸管孩子管得多，孩子产生的依赖就越多，自力更生的能力就越差。这就是很多富豪都“苛待”孩子、不让孩子靠自己的原因。因为经过多年打拼的他们深深懂得，一个人必须要自己想有所作为、想靠自己变得强大，他才能真的变得强大。

所以，爸爸懒一些，对孩子来说未必是坏事。比如，爸爸“懒”得去给孩子倒水，孩子渴了就会自己倒，这样他会懂得自己动手；爸爸“懒”得手把手教孩子吃饭、穿衣服，他就会自己摸索着去吃、去穿，这样孩子会成为一个“学习型”的人；爸爸“懒”得帮孩子安排他的人生，孩子长大了就会主动去思考、去探索自己的人生路，这样孩子就会成为一个能够掌控自我人生的人……总之，在爸爸不断懒的过程中，孩子会逐渐产生自力更生的意识。这种意识一旦产生，并不断实践在行动中，自强、自立就会成为孩子的人生观和信念。这种信念会指导孩子，让其一生都懂得为自己而努力拼搏。

【忙爸爸一分钟教子金句】

懒爸爸是聪明爸爸，他不为孩子包办事情，孩子就不会成为凡事依赖别人、听别人安排的“木偶”。爸爸懒一些，孩子就会成长得快一些、独立一些。

……第二节…………………

适时“使坏”，不帮孩子解决困难

前文我们已经多次提到，相对于妈妈而言，爸爸在教育孩子时的优势在于：爸爸相对来说是一种心肠比较“硬”的生物，他们看到孩子费尽力气也解决不了某件事情时，常常能当没看见，不会立刻伸手去帮他；他们和孩子玩时，即使孩子输了不开心，他们也会遵守规则，很少在游戏中“放水”。爸爸的这些特点，会让孩子得到一种公平的暗示，也就是必须靠自己来解决问题，必须靠自己的努力来赢过别人，不存在“特权”这个“奖券”。所以，孩子在这样的氛围中更加能学会独立、自主和坚强。

然而，在独生子女时代，很多爸爸会“浪费”男性带孩子的天生优势，总是不辞辛苦地帮孩子解决很多问题。这大概是因为，爸爸们平时在外忙碌，不能陪伴孩子、教育孩子，于是回家之后想要弥补，看到孩子有不济的地方就立刻伸手相助，或者孩子一声甜甜的“爸爸帮我”就让他们没了抵抗力。虽然爸爸的这种做法可以理解，但并不值得支持和提倡。因为对于孩子来说，平时妈妈的照顾已经非常周到，他体会到了足够的温暖和爱护，他需要从爸爸这里体会一些“冷酷”和规则，如果爸爸也总是柔情似水、无微不至地对待孩子，那么孩子就会变成温室的花朵，只能享受照顾和呵护，而经受不起一点风雨和挫折。

所以，为了孩子好，爸爸还是不必“多此一举”，不妨还是做回原来那个粗心的甚至有点“坏”的爸爸，不急着帮孩子解决难题，让他们自己来面对自己的事情、自己的生活和自己的人生。

★ 孩子能做的事爸爸绝不代劳

在德国，父母从不代替孩子做他们力所能及的事情。法律还规定，孩子到十四岁就要在家里承担一些义务，比如要替全家人擦皮鞋等，即使孩子做得不好，父母也不能代劳，必须让他们自己在摸索中做到完美。这样做，不仅是为了培养孩子的劳动能力，也有利于培养孩子的社会义务感。在加拿大，父母为了教给孩子在未来社会中生存的本领，从很早就开始训练孩子独立生活、战胜挫折的能力。几乎所有的孩子上了小学之后，都要去挑战一份简单的工作。大部分孩子每天早上要去各家各户送报纸，他们总是很早就起床，无论刮风下雨都要去送，可孩子们从来都没有耽误过上学，也很少有孩子为此而愁眉苦脸、抱怨父母。相反，他们总是快快乐乐地完成自己的工作。

相比来说，中国的孩子似乎很多事都要父母来代劳，甚至是自己明明能做的事情。久而久之，孩子就形成了一遇到事情就求助父母的习惯。要改正或者预防这个不良习惯，其实爸爸稍微“使坏”就可以了。

比如，爸爸在带孩子的时候不要替他做事；从很小的时候，他捡不到玩具、吃不到想吃的东西，到大点之后不会洗袜子、够不到晾衣架，爸爸最好都假装看不见。即使孩子哭闹、发脾气，也不要因此而妥协，否则孩子不但会依赖父母，还会经常拿哭闹当自己的武器。

只要这样反复几次，孩子就会明白无关紧要的求助和哭闹都是没用的，必须要自己解决问题。这样，孩子的能力自然就会快速提升。

★ 孩子的人生路，能不给援助就不给

有的爸爸在孩子的教育过程中“使坏”，其实是一种“假坏”。也就是说，在看到孩子被非常小的难题难住的时候，他们还能管住自己的手脚，不去帮助孩子，因为他们知道孩子只要转个弯，很快就能解决这个问题。但当看到孩子遇到稍微大点的难题时，爸爸们出于心疼，就按捺不住了，不管孩子是否求助，爸爸都会立刻上前充当孩子的救世英雄。其实，这并没有给提高孩子的能力带来多大的帮助，在爸爸这样的有限“空间”下，孩子学会的可能只是那么一丁点的能力，可能只够解决自己的生活问题。而一旦他的人生中出现了大的波澜和挫折，生计受到威胁时，他就会立刻不知所措，被困难吓倒。而这时，爸爸恐怕已经因为年龄关系无法再“罩着”自己的孩子了。所以，爸爸在孩子面临困难时，甚至面对人生中的重大难题时，可以不急于给出直接答案，在孩子需要帮助时可以给出自己的意见供他参考，这样孩子的能力才会越来越强。

有一个富商有两个儿子。由于他比较宠爱大儿子，所以决定将所有的财产都留给他。但是他的妻子非常怜爱小儿子，她请求富翁先不要宣布这件事情，而自己则想尽一切办法改变他的决定。

但是，办法并不好想。她非常苦闷，常坐在窗户下面哭。

一天，一个路人看到了她，就走上前来问她原因。她哭着把事情的原委讲了一遍。路人笑道：“解决这个问题方法很简单。你只要让你的丈夫尽快宣布大儿子将得到所有财产就可以了。”她听了其中的奥妙之后，立刻照这个路人的说法去做了。当小儿子得知自己什么都得不到时，立刻打拼谋生去了。他在那里学会了很多手艺，增长了很多见识。慢慢地，他开始涉足商业，十年后便成了父亲那样成功的商人。而大儿子呢，听说自己坐拥金山，再也没有进取心。父亲去世后，他

迫不及待过起了奢华挥霍的生活。不到五年，钱财就糟践一空，而他却什么本事都没有，于是成了一个连普通人都不如的落魄之人。

对于小儿子来说，这个爸爸很残酷、很坏，但令人意料的是，小儿子却因此收获了一个成功的人生。可见，爸爸真正想为孩子好，其实就是要适时对孩子“坏”一些。让孩子去独自面对一些困难，他才可能锤炼出解决困难的能力。

【忙爸爸一分钟教子金句】

有句话叫父爱深似海，爸爸的爱也许从表面上看不出来，却是对孩子人生负责的一种“大爱”，是支撑起孩子日后所有成就的“大爱”。

……第三节…………………

学会放权，让孩子随自己的心行动

曾经风靡一时的《家有儿女》的主题曲中有这样几句歌词：“唠叨的话可不可以不讲？给我一片自由自在的同龄人广场。让我们自己创造也许会更好，不知不觉就会超出你们的想象……”这几句恰巧唱出了所有孩子的心声，那就是有的时候父母对孩子的管教、限制有些过多。在父母的眼中，孩子好像脆弱得像一块玻璃，必须得到父母无微不至的呵护，需要父母不断地去指导他们的行为和活动范围，这样才能保证他们的绝对安全。

其实，每个孩子的能力都比父母想象的要高很多，他们的潜力也是无限的。有时反而是父母的过度保护，限制了孩子这种能力和潜力的发挥。而在父母之中，妈妈往往又是会不自觉地限制孩子权利的那一方。这时，就需要性格较粗犷、相对更理智的爸爸来扭转这种局面，不仅要在和孩子相处的时候学会放权，还要影响妈妈，让孩子真正生活在一个不被过分限制的环境里。在没有原则性错误和危险的前提下，让孩子随着自己的心去行动，你将会收获一个活泼、有思想、独立自主的孩子。

★ 不要过分限制孩子的行为

身为一家之主的爸爸，在孩子面前也经常扮演“权威”的角色，总是不自觉地会说“不要做这个”“不许干那个”。孩子的行为，常常要由爸爸来决定。当爸爸在使用自己的决定权时，心里或许认为这是对孩子好，但实际上，尊重孩子的想法是给他一个锻炼自我的机会。

有个年仅一岁的小男孩，跟着爸爸来到一个空旷的广场上。他看到前方有很多层台阶，立刻兴奋地挣脱爸爸的手，摇摇晃晃地跑到台阶前，开始手脚并用地往上爬。但由于他的四肢非常不协调，他努力了半天也没能爬上第一级台阶。这时，他扭过挂满汗珠的脸，看了自己的爸爸一眼，似乎在等着爸爸给自己下决定。但他看到的只是爸爸鼓励的眼神和微笑。他似乎坚定了信念，又回过头去继续爬。当他终于爬上这些台阶的时候，已经累得满头大汗。但他非常兴奋，不停地朝爸爸挥舞着双手，庆祝自己的胜利。

很多爸爸在面对这样的情况时，可能会随便说一个理由，比如脏、危险等，就不许孩子去爬。但这样的话，孩子“征服”台阶的时间就会推迟很多；更严重的是，孩子想去尝试的渴望也会被降低很多。久而久之，孩子的成长可能就会比原本要落后很多。所以，当爸爸看到孩子想做什么的时候，尽量不要限制他，让他试着去征服环境、征服自己。

★ 给孩子独立思考的空间

孩子自己使用自己的权利做决定，也是一个独立思考的过程，如果爸爸经常阻止孩子的行为，就等于阻断了孩子的思路。当这样的事情一而再地发生时，直接带来的一个不良后果就是孩子不再愿意主动思考，而总是等着别人来给自己安排。而不主动思考，这对一个人来说是致命的弱点。一个具有独立思考能力的人，才能在学业和事业上有所建树，才能整合好自己的人生。正如拿破仑·希尔所说：“思考能拯救一个人的命运。”相反，如果爸爸总拿走孩子独立思考的权利，那么其实就相当于无形中毁掉了孩子的命运。

英国剑桥大学的迪·博诺教授曾说：“一个人很聪明或者智商高，只说明他有创造的潜力，不能说明他很会思考。智力和思考的关系，好比一辆汽车和司机驾驶技术的关系，你可能拥有一辆很好的汽车，但如果驾驶技术不好，同样不能把车开好。相反，尽管你开的是一辆旧车，但驾驶技术很好的话，照样可以把车开好。很显然，智商高和会思考之间画不上等号。”

可见，爸爸给孩子一个行动的空间，其实同时也给了他一片独立思考的天空。这对孩子的整个人生来说都是意义重大的。所以，在孩子想去做什么的时候，爸爸要记住他在试着认识这个世界，思考关于外界的一切。这时，爸爸在保证孩子安全的情况下应该全力支持，给孩子一个自由的空间。

★ 创造条件也要让孩子尽情体验他想做的事情

在《爸爸去哪儿》宁夏沙坡头的一期中，孩子们在完成任务之后被奖励玩滑沙的游戏。孩子先是在爸爸的保护下，坐着滑板从高高的沙坡头上滑下来。这样几次之后，孩子开始独立坐着滑板，从半山坡的安全地带往下滑。这时，田亮的女儿森碟想独自坐着滑板从沙坡头顶部滑下去。这对于一个五岁的孩子来说是很危险的，但森碟一直求着田亮，眼神中透露出非常渴望的神情。田亮这个爸爸做出了非常感人的一个举动——他答应了森碟，然后在她后面偷偷拉着滑板，滑板滑得多快，他就跑多快，以保证滑板不倾斜。到了较低的地方，感觉不会再出危险的时候，田亮才松了手，让女儿体会独自滑翔的快感。森碟滑下来之后，脸上露出非常满意和幸福的神情——她体验到了自己渴望体验的事情。

在别人看来，这是一个爸爸对女儿用心保护的温馨画面，但田亮却说，自己这样做更多的原因是不想让森碟失望，希望她能做自己想做的事情。这不仅是爸爸对女儿的照顾，而且蕴含了爸爸很深刻的教育智慧。

田亮给爸爸们做出了一个很好的示范。想必每个爸爸都曾被孩子这样苦苦哀求过，希望爸爸允许或者陪自己做某件稍微有难度的事情。但爸爸不是嫌麻烦，就是怕危险，通通都拒绝了。这带给孩子的其实不只是一时的失望，还可能毁掉了一次让他们成长的机会。

当爸爸再次遇到孩子希望按照自己的意愿行事时，不妨允许孩子自主行动和思考，尽量创造条件满足孩子的渴望。这对孩子来说绝不仅仅是一个小小的心愿被满足了，更是一个快速成长的好机会。

【忙爸爸一分钟教子金句】

每个孩子都是一只刚出生的小鸟，爸爸必须给孩子一片天空让他自由行动和发挥，他才能磨炼出强健的双翼，随心所欲地翱翔在生命的蓝天上。

第四节

小事交给孩子做，激发潜力就靠它

生活中，很多爸爸当然也知道要让孩子多动手、多做事，这样才能提高孩子的能力。但有时并非爸爸不给孩子空间，而是孩子自己不愿“主动出击”，令爸爸们苦恼不已。

造成孩子不独立的原因有很多，除了父母过度保护和过分限制孩子之外，孩子天生性格内向、自信心曾经受挫，都有可能造成孩子不敢主动做事。这类孩子表现出来的特征是：很少有自己的主见，解决问题的能力也不强；一遇到困难，本能的反应就是向大人求助。这样的孩子，其实已经存在一定的心理障碍——高度依赖别人。他们缺乏独立的意识，无法为自己创造心理上的满足，他们的思维模式和处理事情的方式都是在参照别人。换句话说，他们的潜力几乎处于一个不被开发的“封闭”状态，这对孩子显然是非常不利的。

那么，怎样激发孩子的潜力呢？方法其实有很多种，最方便有效的一种，就是多创造机会，把家里的小事交给孩子做。

★ 鼓励孩子大胆尝试

每个孩子到了一岁左右，都会萌发出独立意识。这主要表现在：他们总是想要自己做一些事情，拒绝别人的帮助和摆布，在吃饭、穿衣服这些日常小事上非常明显。即使是性格内向的孩子，也一定有独立意识。不同的是，他们的表现可能不是特别明显，容易被大人忽略。

爸爸应该留心孩子的这个阶段，逐渐把更多的主动权交给孩子，让他去解决自己生活中的小事情。即使孩子做不好，把饭弄得到处都是，把衣服穿得不成样子，爸爸依然要鼓励他去做。

当然，如果孩子已经稍稍长大了，那么可能爸爸的鼓励效果不会立竿见影。这时爸爸就要有耐心，多鼓励孩子几次。注意不要强制孩子去做，这样孩子会因为害怕更容易退缩。

爸爸在鼓励孩子时，可以尝试这样说："我相信你一定可以的！""去试着做，这没有你想象的那么难。"总之一定要温和，不要用催促和不屑的语言让孩子去做，否则很容易打击孩子的信心。

★ 教授孩子有关事情的知识和技能

很多我们看起来非常简单的小事，孩子却不敢去做，多半是因为他们对事情缺乏了解，这种未知增加了难度，使得他们不敢去尝试。这时，爸爸教给孩子一些基本的知识和技能就是非常必要的了。

彤彤已经两岁多了。别的孩子在她这个年纪，吃饭的时候几乎都会抢着要去独立"操控"筷子和勺子。但彤彤因为曾经被热汤烫到一次，不敢再碰勺子和筷子，每次都等着妈妈来喂。彤彤的爸爸生怕她到了学用筷子的年纪依然没有积极性，甚至影响以后学习和尝试其他事情，所以决定亲自教她用勺子和筷子。

爸爸决定，彤彤从哪里跌倒的，就让她从哪里站起来。于是，这天吃午饭的时候，爸爸鼓励彤彤自己拿勺子喝汤。彤彤依旧不敢。爸爸就直接揭开彤彤的"伤口"："宝贝，你是不是怕烫？"彤彤认真地点点小脑袋。爸爸用轻松的语气说："来，你学着爸爸的样子。用勺子舀半勺汤，不要舀满，然后低下头，把嘴凑到碗旁边，这样就不会烫到了。你试试，很简单，一点都不危险。"说着，还非常慢地为彤彤演示了一遍整个过程。彤彤见状，自己也学着爸爸的样子，舀了一点点汤，把嘴凑过去喝掉了。她小心翼翼地做完，发现果真像爸爸说的一样一点也不难，于是开心地看着爸爸呵呵笑了起来。爸爸连忙表扬彤彤，彤彤的自信一下子增强了，接连不断地自己舀汤喝起来。

当孩子到了一定年龄之后，爸爸就要注意教他相应的技能，比如怎样洗手、洗脸，怎样脱、穿衣服，怎样扫地、擦桌子，怎样择菜、洗菜。爸爸千万别觉得孩子还小，没必要急着教，他们长大自然就会做了。其实，如果爸爸一直这样想，一直不去给孩子学习和实践的机会，孩子的潜力就迟迟得不到激发，孩子当然也很难真正在能力上“长大”。

★ 及时表扬很重要

很多爸爸只关注孩子做事的结果，认为孩子做到了自己要求他做的，这件事情就算结束了。其实，爸爸应该明白，每次孩子成功的尝试都应该给予及时的表扬。在孩子心中，得到爸爸的肯定是非常必要的，也是非常值得高兴的；另外，由于孩子对事物的认知还非常浅，所以，得到爸爸的评价也有助于他们知道自己以后应该照着怎样的标准来做事。所以，爸爸千万别忘了事后表扬这个重要环节，也不要觉得不好意思、懒得表扬，要知道，这对孩子来说，往往比独立完成一件事情还要重要。

当爸爸看到孩子成功地完成了一件事情，哪怕只完成了其中一部分时，要及时地用赞赏的语气对孩子说：“你真棒！爸爸为你感到骄傲！”“我就知道，你一定能做到！”“我们家宝贝越来越能干了！真不错！”相信在这之后，爸爸会发现，孩子以后对待同样的事情更加积极了，并且在做这件事时变得更加自信，甚至在其他时候也变得愈加敢说敢做了。这就是及时表扬的神奇力量。

每个孩子的身体里都有无限的潜力。之所以在成年之后表现出来的能力各不相同，大多是因为在漫长的成长过程中所受到的教育不一样。如果爸爸能在孩子的每个年龄段都安排他做一些力所能及的事情，并且不断教授他方法，及时鼓励他，他就会展现出更出色的能力。

【忙爸爸一分钟教子金句】

多把小事交给孩子去做，就是在不断地培养他们的生存能力。生存能力包含了动手能力、思考能力、解决问题能力，其实也等于赋予了孩子很多缔造成功的能力。

第五节

给孩子制定规则，但要松紧适度

每个孩子生来都是一张白纸，是一株尚且不知会长成什么样的小树苗。因此，在孩子的成长过程中，非常有必要由大人来为其制定一些规则，好让孩子成长得更快、更好、更优秀，能更好地适应这个社会。

而在实际生活中，每个爸爸其实也在不断地为孩子制定一些规则，包括约束孩子不去做错事的规则、让孩子锻炼能力的规则以及让孩子不断尝试新事物的规则。爸爸们当然希望孩子能按照自己制定的规则去行事，在规则的帮助下成长得更加优秀。不过，很多时候，爸爸或许会太心急，不是制定了过于严格的高标准，就是在执行的过程中对结果太苛刻。爸爸想让孩子快速成长的心情是可以理解的，但过高的要求会让孩子觉得难以达到，让孩子失去原有的天真，去追求一个“成熟”的状态。这反而会导致与爸爸美好愿景相反的结果。因此，爸爸在给孩子制定规则时，还是要松紧适度，要从以下几个方面考虑孩子的承受能力。

★ 充分考虑孩子的个体差异

每个孩子都有自己独特的性格特点、与众不同的特长和爱好，即使是同年龄的小孩，也会因为成长环境和个性不同，显现出不同的能力。因此，爸爸不要急着用同龄人的标准来要求孩子，急于求成反而可能给孩子带来负面效应。

《爸爸去哪儿》节目中，林志颖首次带着小 Kimi 以父子的方式亮相在大家面前。但相对于各方面都很优秀的林爸爸来说，Kimi 却没有在各项能力上像爸爸一样脱颖而出。跟另外几个小朋友比起来，Kimi的独立性也相对弱一些，他在前几期甚至都不敢独自出去做任务，必须要爸爸跟着才可以。这一点上，他不但输给了三个比自己大的孩子，甚至也输给了比自己还小的小姑娘王诗龄。

不过，林爸爸并没有因此而感到尴尬和难堪，更没有为了自己的面子强制Kimi去做任务。相反，每次面对Kimi哭闹的情况，他总是非常温柔地安慰和鼓励。节目播出六期，整个旅行进行了一半，Kimi始终没能迈出那独立的一步，林志颖却一次都没有凶过，从头到尾都给予了他极大的耐心。终于，在第七期一行人到达山东鸡鸣岛的时候，Kimi算是没有哭闹地独立完成了几次任务。他终于迈出了脱离爸爸、勇敢执行任务的第一步。

为什么林志颖有这么大的耐心呢？在访问时，他坦言自己小时候也非常内向、害羞，也是在比较大的时候才变得勇敢、外向一些，所以他非常理解Kimi的感受，愿意给他充足的时间去成长。其次，他谈到，Kimi年纪小，对于执行任务的事情可能理解得不清楚，误以为是要跟爸爸分开，所以不愿意去。如果自己逼他去，他会更加逆反，更抗拒这个任务。正是出于这两点考虑，林志颖面对Kimi的不配合总是给予包容和接受，终于通过鼓励和表扬的方式，让Kimi自愿、开心地迈出了那一步。

可见，对于孩子的成长，爸爸千万不要只站在自己的角度考虑，更不要因为攀比和面子而去逼迫孩子做什么事情。爸爸要多从孩子的角度出发，结合他自身的特点，给出最适合他的建议，多鼓励、表扬他，一定会迎来孩子成长和变化的那一天。

★ 给孩子犯错的空间

孩子犯错可能是因为他们粗心、不听话、能力没有进步等。因此，很多爸爸在看到孩子犯错的时候，会非常生气地指责孩子。但实际上，爸爸的这种做法未免过于苛刻了。在大人的世界里，犯错尚且是一件经常发生、无法避免的事情，更何况是小孩子？如果爸爸总是苛责孩子的错误，除了会打击孩子的信心之外，还可能伤害自己和孩子之间的感情。

老王看上一款手机很久了，由于价钱比较贵，他观望了很久，最后下了很大的决心才买下来。他兴高采烈地捧着新手机回家，还没焐热，就被好奇的儿子鑫鑫拿到自己的房间玩去了。不一会儿，鑫鑫的房间传出“啪”的一声响，接着鑫鑫立刻跑出来，低着头，害怕地对老王道歉：“爸爸，对不起，我不小心把手机摔到地上了。”老王惊得立刻跑过去看，虽然手机没摔坏，但角上显然被磕出了一道“伤痕”。老王生气极了，对着鑫鑫喊道：“你怎么这么笨？你都多大了，连个手机都拿不稳啊？你能再笨点吗？”鑫鑫更加害怕了，老爸震天响的喊声，吓得他身体都有点发抖了。

其实，鑫鑫把手机掉到地上是无心之过，并且自己已经知道犯了错。更何况，不小心摔了手机这种事情，大人都不能保证不犯。作为孩子的爸爸，老王的批评显然过头了，这明显伤害了鑫鑫的自尊心，还会在鑫鑫心中留下“爸爸很凶”的印象，甚至会因此而怀疑“爸爸爱手机胜过爱自己”。

可见，爸爸因为孩子犯的一些小错误而严厉指责是很没必要的，爸爸应该给孩子犯错的空间，这也是他们摸索、学习和成长的过程。孩子犯了错，尤其是当他表现出惭愧、后悔、害怕时，就更不能训斥他，这说明他已经认识到错误，会在下次遇到同样的事情时小心改进。这时，爸爸应该做的不是指责，而是告诉他没关系，下次注意就可以。这样，不仅不会打击孩子的自尊心，也不会伤害自己和孩子之间的感情。

总之，爸爸给孩子定规则，并不是要严格地把他框起来，不许他“越雷池一步”；而是要给他一个指导，辅助他长成一棵更直、更壮的大树。

【忙爸爸一分钟教子金句】

对孩子要求过高的爸爸是拉着孩子向前走，这样教育出来的孩子不一定优秀，还很可能会导致其过度依赖、没主见；而在孩子身后保护他、支持他、提醒他的爸爸，是用规则给孩子提供了一个好的帮助，这样的孩子会在爸爸的帮助下越跑越快。

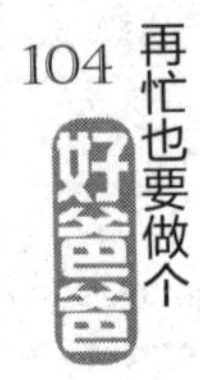

……第六节……………………

给孩子一个负责任的空间

爸爸要给孩子一定的空间，不只要给他们自由发挥的空间、自己决定如何做事的空间，还要给他们改正错误、为自己的行为负责的空间。

每个爸爸都非常心疼自己的孩子，有时看到孩子搞砸了事情，或者在某件事上失败了，就恨不得立刻飞奔过来，帮孩子收拾“烂摊子”，或者干脆直接帮他重新做一遍。也许爸爸觉得这是自己的责任，但其实是在无形中剥夺孩子改错的机会，或者说重来一次的机会。很多事情并不是一次就能成功的，孩子在学习的过程中当然也不可能一步到位，很多道理也是需要在反复实践之后才会真正懂得。所以，爸爸必须要给孩子这个改错、重来的空间。在这个空间里，孩子搞砸的事情自己解决，失败的事情靠自己重新做一遍。这样，孩子才能真正学会对自己的行为负责。

★ 即使是错的，也不妨让孩子尝试一下

每个做了爸爸的人，身上都积累了很多为人处世的经验；每个爸爸当然也都愿意毫无保留地把经验传授给自己的孩子，让他们少走弯路、少吃亏。但无数事实证明，无论爸爸讲解多少，绝大部分的弯路孩子还是会亲自走一遍，直到他们真的吃亏，才会彻底明白爸爸所给经验的正确性，才会对这条弯路“死心”。与其如此，爸爸不如收起一番苦口婆心，让孩子按照自己的意愿去尝试一些“不太好”但又没有太坏影响的事情，让孩子亲身体验一把，并让他去承担那个不太好的后果。在这种完全真实的体验中，让孩子收获道理、经验。

著名经济学家大卫·李嘉图小的时候，看上了商店橱窗里的一双边缘有皮毛的鞋。他对这双鞋朝思暮想，一定要让爸爸给他买下来。爸爸看了那双鞋，觉得不太适合他，便没有答应。李嘉图哭闹不已，大有一种“不达目的誓不罢休”的架势。

爸爸无奈，只好答应买给他，但有个条件，那就是买了就必须穿，而且除了学校上体育课时，其他时间都只能穿这一双，直到穿坏它。李嘉图没有考虑那么多，一口就答应了。

谁知道，穿上这双鞋的李嘉图并不觉得实现这个梦想有多么美——他发现这是一双木鞋，走起路来嗒嗒直响。不管他走到哪儿，周围的人都会投来异样的眼光。他后悔极了，但他和爸爸有约在先，又不能不穿这双鞋，所以只好每次走路都非常小心，以免发出那种让自己尴尬的声音。

从那之后，李嘉图再也不任性和贪图虚荣了。这个痛苦的回忆，反而对他日后的成长起了重要的正面影响。

孩子的人生是他自己的，他有权利一一去体验，不仅是所有的好事、有意义的事情，还包括走的弯路和一些没意义的事。而对于那些不太好的事情，爸爸与其警告、吓唬孩子，倒不如放手让他去试一试。眼前看来，孩子可能绕了远、吃了亏，但这可能是他人生的重要一课，会对他产生非比寻常的重要影响。

★ 孩子搞砸的事情让他自己弥补

爸爸高大的身躯、强有力的臂膀，使得他在孩子眼中就像一个超级英雄，不仅能为孩子挡风遮雨，还能在孩子遇到困难时挺身而出。不过，需要提醒爸爸的是，如果孩子搞砸的是自己力所能及的事情，那么爸爸一定要控制住自己

“万能”的大手，不要立即去帮孩子。这并不是残酷，而是给孩子一个弥补错误的机会和空间，让孩子懂得责任的真正内涵不是将一件事做完就可以，而是必须要尽自己所能将它做好。

琪琪是个很爱帮忙做家务的小女孩。这个周末，爸爸亲自下厨给琪琪做饭，琪琪也凑热闹要来帮忙择菜、洗菜。父女俩一边聊着天一边愉快地干着活，气氛非常融洽。谁知，琪琪突然“哼”的一声，把手里的菜扔到了地上，还气鼓鼓地说了一句：“什么破菜！怎么择都择不干净！我不要择了！爸爸你来帮我吧！”爸爸回过头，看了一眼，回答道：“不行，这个事情你既然做了，就要把它做好。择菜又不难，只是需要你耐心点。我不会帮你的，你要自己来。”琪琪一听更不开心了，她噘着嘴坐在小板凳上，抱着胳膊开始生闷气。

这时，爸爸采取了“冷战”战术，就是不去帮她。过了一会儿，爸爸说道：“我这里快弄好了，如果你的青菜再洗不好，我就不炒了呦！”琪琪一听，立刻振作精神，开始重新择起来。10分钟后，琪琪终于择好了，并把青菜洗干净，放在了爸爸面前。爸爸立刻夸赞了她两句。琪琪眉飞色舞，带着一种征服困难的满足感，笑了起来。

对于孩子力所能及的事情，虽然他一时失败，但他一定可以再次做好。如果这时爸爸去帮助他们解决，就等于给了他们一个退缩的借口，让他们认为在任何时候都可以把手头的事情推给别人。这无疑会使孩子缺乏责任感。所以，在这些“关键时刻”，爸爸还是“克制”一些，把负责任的机会留给孩子。

“天高任鸟飞、海阔凭鱼跃”，让孩子自己去尝试、去碰撞、去体会、去改正，在不断地调整与磨合中学习与成长。这远比爸爸站出来充当英雄，讨得孩子一时的欢心重要得多。

【忙爸爸一分钟教子金句】

面对需要帮忙的、犯错的孩子，爸爸可以推己及人：如果自己犯了错，是希望自己改正，还是甘心让别人来帮自己收拾残局？如果自己想偷懒，而让别人帮自己做了原本自己能做的事，会不会感到惭愧和遗憾？如果答案是肯定的，那么请不要将同样的感觉强加到孩子的身上。给他一片天空，让他尽情去感受、去掌控。

……第七节……………………

充分信任，给孩子足够的施展空间

心理学上有一个著名的“霍布森效应”。1631 年，英国商人霍布森从事马匹生意，但是他只允许顾客在马圈的出口处挑选。然而，这个马圈只有一个小门，体型大的马根本出不去，能出来的只是瘦马、小马和病弱的老马。顾客挑来挑去，自以为完成了最满意的选择，结果却只是一个低级的决策。显然，这是一种没有选择余地的“选择”，实际上就等于不让挑选，后人将这种现象总结为“霍布森选择效应”。

霍布森效应给我们一个启示：如果一个人的选择空间十分有限，那么思维就会被限制在一定范围之内，其想象力和创新力也会因此而受限。也就是说，一个人必须要有足够的选择空间，才有可能成为一个完全自主、富有创造性的人。

而对照生活中爸爸们对孩子的教育，可能与这个效应有相似的地方，那就是很多爸爸看似给了孩子一个相对自由的空间，放给他一部分权力，但这个空间其实是非常有限的，只是针对一些小事而已；而稍微大一些的事情，爸爸都会插手，不再给孩子决定的主权。这样的话，爸爸其实并没有给予孩子百分百的信任，而孩子也并没有得到足够的自由，他们能力和潜力的发挥也会非常受限。

我国教育家陶行知先生曾经说过：“教育孩子的全部秘密就在于相信和解放孩子。”这给了爸爸们一个很好的指导：要放手给孩子足够的空间，给他充足的信任。哪怕孩子最初做得不尽如人意，也要坚持让孩子自由选择、自由思考和尝试，孩子最终创造出的结果，会比在大人限制下做的要好得多。

★ 大事不妨也听听孩子的意见

英国有个名叫迈克的孩子，他出生于一个物理世家，父母都是物理界的知名学者。

迈克的父母觉得做学术研究是一个比较稳定和有保障的工作，所以都希望自己的孩子将来也成为物理学界的泰斗。于是，他们从小便向迈克灌输各种物理知识。但不知什么原因，小迈克无论如何都对物理提不起兴趣，唯独对经商情有独钟。他在夜里偷偷学习有关商业及商业管理方面的知识，几乎到了如饥似渴的地步。

但由于父母对自己的希冀和要求，迈克无法违背父母的意愿，成年后，他不得不到父亲所在的学校教物理。但他知道，物理绝不是他的所长，也不是他的兴趣所在。相反，他相信，他的经商才能与商业知识足以让他在商界取得一番成就。在他不断努力之下，父母终于放弃了自己的意愿，但也明确表示不会给他经商提供任何帮助。迈克终于做了自己想做的事情，他非常努力，运用自己积攒多年的经商知识。若干年后，积累了丰富经验的迈克在商场上占据了一席之地，他成了英国极负盛名的房地产大亨。

很多爸爸打着对孩子好的旗号，一定要决定孩子生命中的一些大事，比如选择专业技能、兴趣爱好，甚至还要决定他们以后的工作和婚姻。其实，这种决定完全可以说是“干涉”，这并不一定能助力孩子成功，反而会剥夺他的快乐。

印度有一部非常优秀的电影叫《三傻大闹宝莱坞》，其中男二号法罕是一个痴迷于动物摄影，并且在这方面很有天赋的人。但他在爸爸的压力下就读了工程学，准备将来从事自己并不感兴趣的工程行业。然而，就在他大学毕业、打算找工作的当口，他的好朋友鼓励他去和自己的爸爸真心地谈一谈，让爸爸允许自己从事摄影一行。

法军鼓起勇气，回到家里真诚地对爸爸说了这样一番话："爸爸，您知道我很爱您、很尊重您，所以这么多年来我一直听您的话。但这一次，我想听从我的内心。我喜欢摄影，对工程不感兴趣。如果我按照您的想法去做一个工程师，我想我一辈子都不会快乐，我也许还有可能因此怨恨您。请您仔细想一想，我去做一名摄影师，又有什么不好呢？我也许赚得少一些，住的房子小一些，开的车便宜一些，但这又有什么关系呢？重要的是我会快乐，我会非常非常快乐……"最终，法军说服了爸爸，如愿以偿做了一名摄影师。而他对摄影的热情，也使得他全情投入在这一行业中，最终成了一个颇有名气的摄影师。爸爸对法军的支持和宽容，使得他收获了一个既快乐又成功的人生。

其实仔细想想，孩子选择去喜欢什么、去走什么路，只要不是违法的行为，又有多大影响呢？遵从孩子的想法，给他施展自己的空间，同时也给他一个快乐的人生，这才是最重要的。

★ 要在执行过程中充分信任孩子

爸爸要对孩子充分信任，不光表现在让孩子拿主意上，还有在执行过程中对孩子的信任。有些爸爸嘴上相信孩子，但始终对孩子不放心，孩子去做时，爸爸还要在一旁看着、指挥着。其实，这样的行为会让孩子反感，同时也会让孩子感觉到自己不被信任，做事时放不开手脚，更发挥不出最佳水平。

所以，爸爸如果决心给孩子一个施展的空间，就应该尽量完全放手，不要在细节上再去监督孩子。如果爸爸实在不放心，可以关注一下最后的结果，与孩子讨论、总结经验就可以。

总之，老爸要想让孩子在自己的人生中大展身手，就必须要留给他足够的空间。如果紧紧看着孩子、限制孩子，他是不可能有什么大作为的。

【忙爸爸一分钟教子金句】

一位儿童教育专家曾经指出，教育的奥秘就在于坚信孩子“行”，忘却孩子“不行”。爸爸的相信对于孩子来说是一股非常有利的力量，对激发孩子的潜力有很好的作用，也是孩子成功的因素之一。所以，爸爸还是尽量把自己全部的信任交给孩子吧！

……第八节…………………

天高任“子”飞，不设过高希望

爸爸们是否给了孩子一个自由发挥的空间，还有一个很重要的衡量标准，那就是爸爸是否给孩子设立了过高的希望，是否希望孩子必须考多少名、学会多少乐器、拥有多少特长、拿回多少竞技比赛的得奖证书。

有些爸爸因为自己忙或是比较懒，的确没有过多地限制孩子的行动，但他们总会时不时地给孩子设置一个很高的标准。表面上看起来爸爸给了孩子足够的个人空间，但其实还是用规定成绩的方式决定了孩子的行动。比如，爸爸要求孩子期末考试必须考进前三名，孩子就必须没完没了地背书、上补习班；爸爸要求孩子一年内考下钢琴二级，孩子就必须在周末的时候“加班”学钢琴。这样一来，孩子其实还是没有按照自己的意愿来做事，更没有自由分配自己时间的权力。

总是给孩子提出太高要求的爸爸，其实不光变相限制了孩子的行为，也在无形中给孩子增加了很多压力。无数事实证明，高压状态下成长起来的孩子，不一定就有比别人出色的未来，反而很可能迷失人生的自我价值。所以，爸爸最好不要给孩子设立过高的要求，让孩子毫无压力地飞，他们反而能飞得更高。

★ 不给孩子过高的学业压力

一项针对500个家庭的调查结果显示：85%的父母对孩子的要求都是学习好，以便将来找一份体面的工作，有所成就。而在这些孩子之中，有40%的孩子觉得自己处于一种“压力过大、有劲使不上”的状态中，当他们发现自己不管怎样努力都达不到父母的要求时，心里就会产生非常强烈的焦虑感和内疚感，常常感到“对不起父母”，有的孩子甚至还出现做噩梦、注意力不集中、记忆力下降等不良反应；另外有21%的孩子甚至发出“感觉活得很累”的感慨。

如今孩子的学习压力普遍很大，大量事实已经表明，过大的压力不一定有助于孩子的学业进步，相反，还很容易让孩子产生逃避行为，甚至由于精神压力过大而出现心理方面的问题。

由于爸爸平时忙于工作，无暇和孩子进行细致深入的交流，只在有空的时候才会询问孩子的成绩如何，或者干脆丢给孩子一个对他来说有些不切实际的目标。这样的做法，无疑是让孩子的精神压力更大。

这里建议爸爸们，与其不断给孩子制定要求，不如平时多了解孩子对学习的看法、在学习上遇到的困难。从方法上指导孩子，远比从结果上要求他要好得多。

★ 不把自己的梦想强加到孩子身上

2011年《中国达人秀》的舞台上，出现了一个名叫汤康敏的女孩。她时尚靓丽，却展示出一项古老得几乎失传的技术：口弦乐器表演。她用跟她的形象不太搭调的表演形式完成了这场表演后，评委问她为什么要学口弦，她的回答令所有人很意外：“是为了圆热爱民族乐器的爸爸的梦。”接着，她又介绍了自己学习口弦的过程中所经历的痛苦，包括牙齿疼痛、牙龈肿痛溃烂，甚至还要冒着可能将小小的口弦吞下去的危险。在整个讲述过程中，汤康敏一次都没有提到自己喜欢这种乐器，只说到了它带来的痛苦和家庭矛盾——妈妈不赞成她学这个，因此和爸爸发生了不少争执。

虽然汤康敏在初次表演后获得了晋级的资格，但她的爸爸却受到了网友的微词。在后面的一次比赛中，汤康敏表演完成后，终于对爸爸说出了这句话："爸爸，我完成了你的梦想。我现在可以去追求自己的梦想了吧？"

这件事虽然发生在舞台上，但在现实生活中却不是个例。很多爸爸心中难忘年轻时的梦想，在孩子出生后就产生了"后继有人"的念头，想通过孩子完成自己的梦想。有这种想法或行动的爸爸，或许只考虑到自己深藏多年的愿望，却没有切实考虑到孩子的感受。虽然一个孩子的生活习惯、方式可能与爸爸有种种相似之处，但孩子的爱好不一定会复制爸爸的。况且随着时代的变迁，爸爸的爱好不一定会经久不衰，得到下一代的热捧。孩子和爸爸的成长环境、接触的事物、想法都不太一样，爸爸最好的教育方式，是让孩子自由成长，选择自己真正的爱好，而不是将自己曾经的愿望作为对孩子的要求。这对孩子来说不公平，当然也不会令孩子感到快乐。

★ 把设定目标的权力交到孩子手里

一个人有一定的目标对自己的学业和事业是有好处的。虽然不建议爸爸给孩子设立目标，但爸爸可以将这个权力交给孩子，让孩子为自己立下要求。这样，孩子学习起来会更有动力，同时也能养成在行动前为自己做合理规划的好习惯。

当然，在孩子刚开始学着设定目标的时候，爸爸有必要传授给孩子一些方法和经验。首先，目标要切合自身实际，不宜太高，也不宜太低，以努力之后刚好能达成为宜；其次，设立几个阶段性目标，这比设立一个总的目标要更容易实现。爸爸可以教孩子将一个学期的目标分配到每个月，制定几个"月目标"，这样目标实现起来会更容易些。

每个爸爸都应该记住这样一个道理：凡事欲速则不达，过分期待反而会"竹篮打水一场空”。用心浇灌、静静等待，孩子总有一天会交给你一份惊喜的答卷。

【忙爸爸一分钟教子金句】

每个孩子其实都应该在自由、轻松的氛围中成长，而不是一直朝着遥不可及的目标飞奔。总是处在“赶鸭子上架”状态中的孩子，容易失去童真、想象力和创造力，当然也会失去一份对生活、学业以及未来的热情。

第五章

交朋友

亦父亦友，忙爸爸和孩子沟通零距离

每个孩子都希望能跟爸爸做朋友，因为在这种关系中，爸爸能倾听自己、和自己平等对话、理解自己的感受，当然，最重要的是可以和自己愉快地玩乐。这其实给爸爸提出了一定的要求，那就是充分尊重孩子、认真了解孩子，不把孩子当自己的“小跟班”、不懂事的“小毛孩”，更不要把他当作自己闲暇时的玩物。平等对待孩子，爸爸们会发现每个孩子都是非常宝贵、有趣、复杂的个体。

……第一节…………………

放低姿态，和孩子平等相处

每个孩子都渴望与爸爸平等相处，这是他们对获得尊严的渴望，也是他们独立意识的体现。在孩子心中，如果爸爸肯放低姿态，和自己平等相处，那么不仅说明爸爸非常重视自己、爱自己，而且也说明爸爸很尊重和肯定自己。对于成长中的孩子来说，在存在感上获得满足，对于他们的身心都非常有益。

然而，实际生活中的情况往往并非如此。很多时候，爸爸以自己是大人、生活经验丰富为理由，总是习惯对孩子下命令，忽略孩子的想法和言论，把家变成“一言堂”。爸爸或许认为这没什么，认为孩子还小，不会在意这种“不公平”，或者根本没有意识到存在什么“不平等”。但实际上，敏感的孩子早就对此有所感触，并会因此而改变自己的想法和行为——认为自己在家里不重要、注定是“被支配”的地位，因而逐渐变得不自信、不敢言。

可见，在家庭教育中，爸爸一定要注意“平等”原则，这可以说是教育孩子的一大前提。只有做到这一点，才能真正了解孩子，也才能真正教育好孩子。

★ 蹲下来和孩子说话

瑞士教育家裴斯泰洛奇说过:“父母蹲下来和孩子说话，不但拉近了与孩子的物理距离，更拉近了与孩子的心理距离。它体现了父母对孩子民主、平等的态度和对孩子的尊重，从而使孩子更愿意听从父母的教诲，接受父母的忠告。”

很多爸爸觉得没必要蹲下去跟孩子说话，对此不以为意。但爸爸可以试想一下，当自己和一个比自己高很多的人对话时，时刻要抬头仰视是不是有些吃力，还会有压迫感？而你和孩子的身高差，加上你比孩子年长很多，足以让孩子产生一种压迫感。在这样的情况下，他怎么还能放松、真诚地与爸爸交流呢？所以，爸爸的时间即使再宝贵，也不要吝啬这几秒钟，蹲下来和孩子说话，让他的眼睛和自己的眼睛保持在一条水平线上，经常露出和蔼的笑容，就会发现孩子的话多了，说话时也更自信了，你们之间的沟通当然也就更高效了。

★ 认真对待孩子的问题

很多爸爸并不能平等地对待自己的孩子，还表现在经常不认真回答孩子提出的问题，总是含糊带过，孩子多问几遍时会没耐心地制止。这会让孩子觉得爸爸不够重视自己，对爸爸感到失望。长此以往，孩子就会变得不爱问问题，慢慢地，他获取知识的兴趣也会因此减少很多。

一个孩子问自己的爸爸："爸爸，为什么太阳和月亮都是从东边升起，从西边落下去呢？"

正在看报纸的爸爸头也没抬，回答道："你管这么多干吗？它们本来就是这样的。"

"可是我想知道为什么。"孩子追问。

爸爸不耐烦地说："没原因。它们一直就是那样的。你知道原因又怎么样？对你有什么影响吗？"

"我就是很想弄明白……"

"烦死了！去去去，一边玩去吧！"爸爸挥挥手，大声喊道。

这个孩子不再追问，打开门默默地走了出去。

对于爸爸这样的回答，想必哪个孩子都难以接受。孩子问出口的，往往是自己非常好奇或者疑惑已久的问题，自然会特别在意爸爸的回答。如果爸爸总是这样对待孩子的发问，他一定会记在心里，几次之后就不会再问，甚至还会因此和爸爸产生情感上的隔阂。

爸爸们千万别小看孩子提出的任何一个问题，更别觉得小孩子随便应付一下就可以。有时孩子的记忆比大人还要好，内心比大人还要敏感。所以，爸爸要提醒自己，要像和别的成年人沟通一样，正视孩子的问题，耐心、认真地做出解答。即使爸爸一时不知道答案，也不用不好意思，直接告诉孩子自己也不懂，两人一起去找答案就可以了。这样，至少孩子心中不会留下“爸爸很烦我、不在乎我”的负面印象。

★ 重视孩子在家里的地位

重视孩子在家里的地位，并不是说只要给孩子吃饱、穿暖就可以了，而是要从精神上重视孩子，包括孩子说出的话、孩子的感受等。有些爸爸容易犯这样的错误：家里一来人，或者自己觉得很累的时候，总是习惯性“忽略”孩子，对他的话充耳不闻，对他的行动也视而不见，好像孩子瞬间变成了空气。孩子的需求和渴望一概被爸爸忽略。这种情感上的“冷漠”，对于孩子来说是一种深深地伤害，远远超过让孩子饿一次肚子、冻感冒一次的身体伤害。

因此，孩子说出的话，爸爸要尽量听到心里；孩子遇到的问题，爸爸也要耐心地去帮助解决；孩子的感受，爸爸要多关心。假如爸爸实在无暇顾及，也应该用和蔼的态度告诉孩子，自己现在很忙，等忙完之后一定听他说话、为他解决难题。当然，爸爸许下的诺言也一定要做到。这样，孩子才能感受到爸爸的重视，体会到爸爸确实认真对待了自己的问题。

“家长制”的时代已经过去，它也已经被证实不是家庭教育的好方式。爸爸要想让教育效果最佳，首先要平等地和孩子相处，这样才能让孩子在正确的道路上前进。

【忙爸爸一分钟教子金句】

和孩子平等相处并不难，只要爸爸有一颗认真去做的心就可以。爸爸切忌“看心情和孩子相处”，不要心情好时就民主，心情不好时就专制，这会让孩子的思路混乱，弄不清到底应该以怎样的方式与爸爸相处，从而影响父子（父女）之间的感情和沟通。

……第二节……………………

充分尊重，孩子不是你的“附属品”

想必每个成年人都能深深地体会到，得到别人的尊重是一件多么重要的事情。一个人能否在生存环境中得到充分的尊重，对他每一步的行为和发展都起着至关重要的作用。对于孩子来说，这一点也同样重要，孩子对尊严的渴望，甚至比成年人还要迫切。而在实际的家庭生活中，忙碌的爸爸们可能无暇顾及孩子的尊严，或者常常因为其他因素而在无意中折损了孩子的自尊。对此他们或许事后很快会忘记，但这在孩子心中可能会留下永远的记忆，甚至成为孩子成长的阴影。如果爸爸们对这样的说法付之一哂，觉得言过其实，那么不妨回想一下，类似于“自己偶尔打骂了孩子一次，他就好几天不敢跟自己亲近”的情景，是否也曾经在自己家中发生过？孩子这种“一朝被蛇咬、十年怕井绳”的表现，显露出了他们具有敏感细腻的心思，也说明他们需要得到别人的尊重。

★ 把孩子当成人一样对待

或许是忙爸爸和孩子交流的时间较少，且迫切想在短时间内达到立竿见影的教育效果，所以有些爸爸在和孩子说话的时候，习惯采取命令式的口吻，不给孩子留有商量的余地，直接要求孩子按照自己的想法做事。这其实是很不合理的。要知道，从孩子挣脱父母的双手、蹒跚学步的那一刻开始，他们的独立意识就已经开始萌芽，自尊心也在不断增强。因此，他们越来越渴望能够平等地和大人交流，而不是像个下级一样，总是乖乖执行上级的命令。忙爸爸脑子里可能在想工作，不经意地说了一句命令式话语，但孩子听起来却会心生反感，不情愿地去做，或者干脆拒绝。

如果爸爸在和孩子说话的时候，能够把他当作成年人，用商量的口吻和他交流、征求他的意见，想必孩子会更愿意和爸爸沟通，也更乐于执行两人商量出来的决定。爸爸们无论再忙，在和孩子说话时也要多花几秒钟考虑一下，这几秒钟或许就能使孩子的心理感受大不相同。

200年前，德国有一个出色的教育者——卡尔·威特，他将出生时被认定为“痴呆”的儿子——小卡尔·威特，教育成了语言能力极强、16岁就获得法学博士学位的人才。作为一个支撑家庭开支的丈夫和父亲，他的工作当然也异常忙碌。他的孩子之所以取得这样的成就，绝不是他花费大量时间兢兢业业教出来的。他教育成功的秘诀之一，就是要充分尊重孩子，把他当成年人一样看待。

卡尔在自己的相关著作中提到：“父母从小就应该教育孩子树立起做人的尊严，但是家长的错误教育，很可能让孩子失去信心和尊严……我一直都把（小）卡尔当成成年人来对待，我们在用餐的时候谈论他可以理解的话题，我们一起讨论各种有趣的事情，这使我们的用餐时间非常愉快，同时也增进了我们的感情。”

卡尔并不是教育领域的专家，却能在教育儿子方面取得如此大的成就，跟他懂得充分尊重儿子这点是绝对分不开的。他的尊重给了儿子自信，给了儿子行动和表现的勇气，最终使其克服生理上的先天不足，在学术方面有所造诣。

★ 尊重孩子的个人主张

男人一定要有权威的一面，学术方面的权威彰显着男人的“专业”，职场上的权威代表着男人有较高的地位。但在教育孩子方面，“权威”二字却应该被“藏”起来。这是很多习惯了忙碌的职场爸爸们容易忘却的一点。经常在孩子面前露出威严，强迫孩子放弃他的主张，不但会打击孩子的自信，还会使他逐渐失去主见，变成一个“唯命是从”的人。

一个好不容易能放松的周末，爸爸在书房看书，牛牛在客厅的沙发上一动不动地躺着。爸爸本想趁着休息时间和牛牛好好交流一下，但他觉得很累，只想静静地坐着看书放松放松。过了一会儿，爸爸起身上厕所，看牛牛无所事事，就问道：“牛牛，你怎么还不去写作业？”牛牛眨着眼，回答道：“嗯，一会儿就去，我在观察天花板上的蜘蛛。”“蜘蛛有什么好看的，等会儿我俩一块儿把它扫走。”

几分钟后，爸爸从厕所走出来，看到牛牛还躺在沙发上，生气地喊道：“你怎么还在看？让你去写作业没听见吗？”牛牛吓了一跳，立刻从沙发上跳了下来。一次能增长见识的有趣的观察就这样被粗暴地打断了。

“权威”不一定正确，尤其是在孩子的面前使用权威。孩子和大人看世界的视角不一样，他们的需要和感受也不一样。当孩子说出个人主张的时候，往往是为了满足自己的需要，希望大人能体会他的感觉。如果爸爸只是一味用自己的“权威”来命令小孩，否定孩子的个人主见，这样会阻碍孩子迅速成长。

★ 尊重孩子的隐私

孩子也有自己的隐私，这已经是一个不争的事实。尊重孩子，就要充分尊重孩子的隐私。孩子有自己的专属空间，有不被别人侵犯隐私的权利，他才会有足够的安全感。如果爸爸打着了解孩子、关心孩子的旗号，偷偷了解孩子的秘密，认为对于平日忙碌的自己来说，这是一种快速了解孩子的方式，那么建立在孩子和爸爸之间的信任就会因此而大打折扣，孩子的幼小心灵也会经历“不公平待遇”的糟糕体验。

很多调查已经表明，几乎所有的孩子都很在意自己的隐私是否得到尊重，即使是最亲近的父母，也不能侵犯自己的隐私。即使是孩子平日很少看到、自己非常渴望亲近的爸爸，如果犯了类似的错误，也很难得到他们的原谅。更有一些数据表明，很多孩子在日记或者信件等隐私物品被父母偷看过后，除了异常愤怒之外，还会有以下心理活动：

觉得父母有失长辈风度，偷看的行为很令人反感；

从此再也不写日记、不写信；

如果父母再和自己谈心便会拒绝，或者不把心里的真实想法告诉父母；

……

孩子可能不会将这些愤怒直接表述给侵犯自己隐私的父母，但心中一定会为此久久不平。这告诉爸爸们，对于孩子的隐私要保证百分百尊重，孩子和自己分享的秘密，也要绝对保密。否则，爸爸在孩子心中的信任感，就要因此而损毁了。

总之，充分尊重孩子，就要多考虑孩子的感受和需要。

【忙爸爸一分钟教子金句】

“孩子的内心是渴望被尊重的，在平等的前提下，孩子也会按照家长的要求来规范自己；尊重你的孩子，就是教会孩子怎样尊重他人。”

——卡尔·威特

……第三节…………………

学会倾听，给孩子真实表达的机会

在很多爸爸看来，教育是一个单方面的功课，更多时候是爸爸向孩子传授知识、经验和道理。但实际上，爸爸倾听孩子的想法，了解孩子的感受也是教育的一个重要部分。只有这样，爸爸才能明白孩子需要的是什么、自己的教育方法对孩子来说是否适宜，从而达到最佳的教育效果。这就要求爸爸们必须给孩子真实表达的机会，听听孩子内心的声音。

★ 不要打断孩子说话

每个爸爸都爱自己的孩子，这是毋庸置疑的，但是，真正将孩子看作有人格、有自尊的人，认真倾听他们说话的爸爸并不多见。当孩子遇到问题向爸爸诉说时，经常会被爸爸不耐烦地打断。爸爸没有耐心听孩子把话说完，产生的消极影响是显而易见的。

首先，孩子会觉得爸爸不在乎自己的想法，或者根本不想和自己对话，于是会逐渐把想说的话藏在心里，这样爸爸自然就很难知道孩子的心中所想，当然也无法给孩子恰当的教育。

其次，孩子说话时总得不到爸爸的认真倾听，会觉得自己不被爸爸认可，时间长了，他就会对爸爸产生对抗情绪，最终造成双方不理解、不信任，沟通困难。很多孩子到了十几岁时不再喜欢黏着爸爸，也不和爸爸谈心了，甚至一天到晚也不和爸爸说几句话，其实这往往是由爸爸曾经对孩子的“忽视”造成的。

第三，爸爸总是打断孩子说话，一来会影响孩子表达能力的提高，二来还会让孩子产生自卑情绪，成为一个缺乏自信的人。不自信，将来他自然难以获得快乐、成功的人生。

孩子虽然小，但他们说的话并非全无道理，他们和爸爸的沟通也是出于自身情感上或知识上的需要，因此，爸爸一定要耐心听完孩子的话，不要随便打断他，即使孩子说得不对，也要先听完，再向孩子讲解。

★ 允许孩子表达和自己不一样的意见

很多爸爸觉得自己是家里的权威，尤其是在孩子面前。所以，在和孩子沟通的时候，爸爸经常摆出家长的架子，只许孩子听自己说、顺从自己所说的，一旦孩子提出反对意见或者拒绝服从，爸爸的脸色就立刻“晴转阴”，不是转身不理孩子，就是训斥孩子一番。爸爸这样做或许得到了一时的心理安慰，让自己打了“胜仗”，但实际上，这可能给孩子带来不良影响，包括对爸爸的恐惧、防备、不信任，或者混淆对事物的真实理解，又或者再也不愿和爸爸沟通。可见，爸爸在和孩子沟通的时候，应该显示出自己最宽容的一面，允许孩子质疑自己、反对自己。要知道，孩子敢于质疑证明他在思考，他在表达自己的个人意识，这是他成长的一个必要部分，爸爸千万不要加以阻拦。

威廉是个很喜欢画画的小男孩，他的爸爸也经常夸奖他画得好。威廉得到了爸爸的鼓励，画起画来更有兴趣了。一次，威廉请自己的朋友汤姆来家里一起画画。汤姆画了一幅山水画，画面上有一片蓝色的湖水。汤姆不仅画得非常漂亮，还用两种不同的蓝色表现出了湖水的远近变化。威廉的爸爸看了之后惊呆了，一直夸赞汤姆有画画的天赋，并且鼓励他以后朝着绘画的方向发展，一定会成为一个优秀的艺术家。

但是，汤姆走后，威廉就表现出了他的不满。他故意在收拾东西时发出很响的声音，甚至还把画板扔到了地上。爸爸走过去询问原因，威廉气冲冲地喊了句："不用你管！你说话我再也不相信了！"

爸爸愣住了，儿子还是第一次这样跟他说话。但是，他并没有训斥儿子，而是耐心地哄他，等他情绪平静之后，又问了他一遍，他才委屈地说："我觉得我画得比汤姆好！可是你只表扬他，不表扬我！"爸爸这才明白，原来孩子是有点"嫉妒"了。他对威廉说："你说得很对，你们两个的画都有优点，爸爸不应该只看汤姆的，忘了你的。不过，即使你没有得到表扬，你也不应该这么生气。如果你仔细观察汤姆的画哪里好，下次你不就变得更加优秀了吗？"威廉听了这番话后，慢慢平静了下来。

如果在威廉生气之后，爸爸还是坚持说汤姆比他画得好，那么想必威廉会非常伤心，并且觉得自己不受爸爸的重视。而这位爸爸肯定了威廉的说法，甚至愿意放低自己，承认自己说得有失偏颇，这就让威廉觉得自己的话被爸爸听进去了，不仅此时心中的"郁结"可以解开，下次遇到其他的事情，他还会主动思考，并说出自己的想法。

★ 给出孩子他想要的回应

爸爸可以回想一下：自己在跟别人沟通时，如果对方肯听并做出回应，自己便会愿意诉说；但如果对方听完却一言不发，那会不会有点被轻视、被嫌弃的感觉，甚至感到对方是在以沉默反对自己的言论呢？如果真的碰到一个不回应自己的沟通对象，那么即使他表面看上去是在听，自己也降低了说下去的兴致和信心。

孩子跟爸爸的沟通也是一样，甚至孩子会比成年人更加敏感；你是否认真听他说话、是否认同他的说法，他都会通过你的反应来判断。所以，爸爸千万不要觉得给孩子一只“耳朵”就足够了，在听孩子说的同时，你必须适当给他一些回应，这样才能证明你在认真地听他说。

当然，这个回应不能只是“嗯”“啊”之类可有可无的应付，而应该是经过认真思考给出的反应。可以表示赞同，也可以表示不同意，然后给出自己的解释。

爸爸能够认真倾听孩子说话，是家庭教育良好的基础和前提，只有有了良好的沟通，教育才能“有的放矢”，才能适合孩子的身心特点，当然也才能让教育更高效。

【忙爸爸一分钟教子金句】

对于孩子来说，认真听自己讲话的爸爸才是他们真正喜欢的爸爸，也才能获得他们的信任。而只有孩子相信爸爸，才能真正接纳爸爸，并向他展示最真实的自己。

第四节

换位思考，孩子的世界其实并不“幼稚”

有些爸爸之所以和孩子之间存在沟通不顺的问题，往往是爸爸“小看”了孩子。有时孩子想发表意见，爸爸会主观地想孩子不可能有什么好主意；有时孩子反抗爸爸的命令，爸爸会觉得孩子不听话、不懂事；有时孩子做出令爸爸不解的行为，爸爸会武断地认为是孩子的“幼稚”使然……正因为爸爸总是以这样的心态看待孩子，所以才没有足够的耐心去了解孩子的内心。其实，如果爸爸肯认真地了解孩子，就会发现孩子的很多行为背后都有一定的理由，很多言行不但不幼稚，反而蕴含着孩子令人惊叹或感动的心思。

★ 了解孩子眼中的世界

孩子和大人看世界的角度是不一样的，不仅是因为孩子的身高限制，还因为他们对世界的懵懂和缺乏经验。所以，外界在孩子眼中有时很美好、很神奇，有时却很无聊、令人恐惧。他们可能会因为自己的感受，做出大人不能理解的反应。当爸爸觉得孩子的言行不可理喻时，先别急着怪罪孩子，了解一下他看到了什么，或许你会产生和他一样的感觉。

圣诞节这天晚上，一位年轻的妈妈带着5岁的女儿参加圣诞晚会。热闹的场面，丰盛的美食，还有圣诞老人的礼物……妈妈兴高采烈地和朋友们打着招呼，不停地领着女儿到晚会的各个地方，用餐、跳舞、谈笑。她以为女儿也会很开心，但出乎意料，女儿的情绪始终不好，宴会到一半时，她几乎要哭了。为了不破坏这一夜的好心情，母亲一开始还很有耐心地哄着，但女儿不但不领情，还赌气地坐到地上，鞋子也甩掉了。

母亲气愤地一把把女儿从地上拖起来，狠狠地训斥几句之后，蹲下来给孩子穿鞋子。在她蹲下来的那一刹那，她惊呆了：她的眼前晃动着的全是大人的屁股和大腿，而不是自己刚才所看到的笑脸、美食和鲜花。她明白了女儿为什么会不高兴，于是立刻带着女儿离开了宴会，回到了家里。

有句话叫“各花入各眼”，成人眼中的世界尚且各不相同，更何况年幼天真、阅历尚浅的孩子？如果爸爸能够充分了解孩子所见、所感的事物，相信孩子大部分“怪异”“不懂事”的行为都能被理解和接纳。

★ 小孩总有小孩的道理

柳亚子曾写过一篇回忆鲁迅的文章，里面提到这样一件事：一次，鲁迅在家里宴请几位作家。席间，鲁迅的儿子周海婴将一颗丸子夹起来咬了一口，又立刻吐了出去。妈妈许广平看到这个情景，不禁觉得有点尴尬，立刻责怪周海婴。客人们虽然嘴上都说没事，但脸色也稍微有点改变。鲁迅却并没有因为周海婴让自己“丢了脸”而立刻批评他，而是夹起他丢掉的丸子尝了尝，才知道是丸子变味儿了。他感慨地说：“小孩总有小孩的道理。”

一般的爸爸如果遇到同样的情况会怎么做呢？可能很多爸爸都会觉得面子上挂不住，立刻摆出家长的姿态责怪孩子不懂礼貌。但这样的话，孩子心中一定会觉得十分委屈，并且下次即使遇到同样的情况，也会忍气吞声地吃下去，以免爸爸又生气。这样一来，孩子不仅分辨不清是非，还会变得唯唯诺诺。

可见，面对孩子的“异常”行为，爸爸不要先考虑是否丢了面子，或者损伤了自己的利益，而是要牢记那句“小孩总有小孩的道理”，问问孩子是什么原因，再教育孩子也不迟。

★ 或许不听话的背后藏着孩子的小心思

《爸爸去哪儿》北京灵水村那一集，几个老爸接到了一个给孩子做饭的任务，并且做好后要接受5个孩子的投票，选出做饭最好吃的老爸。其中张亮有做厨师的经历，而其他几位老爸则是提起做饭就头疼的主儿。所以，张亮的儿子天天满怀着老爸会得冠军的希望。谁知，小孩子的口味太不寻常，张亮最后得到的票数（孩子们用狗尾巴草来投票）竟然是最少的。这可急坏了天天，他的脸色立刻由兴奋转向了郁闷，最后竟然离席，愤愤地朝门口走去。这时，张亮在他身后喊道：“天天，如果你走了，爸爸就真的输了。你走的话，我输了就怪你。”谁知，天天却转过身来，对张亮说：“爸爸，我只是想自己拿一个狗尾巴草给你。”原来，贴心的儿子不忍心看自己的老爸输掉比赛，亲自去给他摘狗尾巴草了。

想必很多爸爸也有过类似的经历，自己原本以为孩子在淘气、做坏事，但在批评他之后才发现，他是想替自己做一点事情。爸爸们与其为自己的“莽撞”而后悔，不如在事前沉住气，别急着下结论，先听听孩子的想法。

在大人的眼中，孩子常常是幼稚的、无知的、淘气的。然而，这只是爸爸们在对孩子不了解之前凭主观臆断下的结论。如果爸爸能将自己和孩子放在一个平等的沟通平台上，试着去认真地了解孩子，站在孩子的角度去看待和思考，就会发现孩子其实远比我们想象的要乖巧、善良。

美国教育专家塞勒·赛维若曾说：“每个人观察、认识问题，都会有自己的视角和立足点。身份、地位不同，得出的结论就不同。父母与子女间的年龄悬殊、身份各异是影响互相沟通的重要原因。若父母能站在孩子的立场上考虑问题，一切将迎刃而解。”总结为一句话就是，爸爸能否读懂孩子的内心、教育好孩子，其实只隔着一座用心沟通的桥梁。

【忙爸爸一分钟教子金句】

就像每个成年人都有自己的立场一样，孩子们做事也都有自己的一套“指导思想”，并不全是幼稚的无厘头行为。相反，他们的很多举动有时是令爸爸非常惊讶和暖心的。关键在于爸爸是用心去体会孩子的立场，还是不假思索地加以否定。

……第五节…………………

用心沟通，谈话不在数量在质量

每个爸爸都想教育好孩子，也希望和孩子保持良好的沟通。但很多爸爸的教育方式却似乎有些“老套”，比如总是苦口婆心，把一个道理反复讲给孩子听。讲的次数多了，爸爸就成了一个“婆婆妈妈”的人，教育的效果自然不好。爸爸如果为此感到不解，不妨想象一下，如果自己对某件事或某个道理并没有相同的感触，但有一个人总在自己耳边不断唠叨，自己会产生厌烦和抵抗的情绪吗？答案当然是肯定的。所以，建议爸爸不要用同样的“灌输”方式来教育孩子，这不但达不到目的，还有可能让孩子对自己“敬而远之”。

那么，爸爸该怎样将道理和经验传授给孩子呢？其实，沟通的数量并不重要，重要的是质量。只要孩子肯听，爸爸只需说一两遍，孩子就能牢牢印在心中。那么，如何让孩子肯听呢？这就需要爸爸学会下面几个和孩子沟通的技巧。

★ 做孩子的“自己人”

心理学上有一个“自己人效应”，是指对方把你与他归于一类。在人与人的交往中，面对“自己人”时才最愿意说出心里话，因为在人们的心中，“自己人”与自己有着一样的视角、一样的思想，最容易接受自己的观点和想法。而让孩子把你当作“自己人”的秘诀，就是必须以平等的眼光看待孩子，和孩子平等对话。这样，才能够达到最佳的沟通效果。正如两个相连的装水容器，只有两边一样高，才能达到“对流”、相互容纳的效果，如果一方高、一方低，那么水就只能朝着一个方向流——亲子之间的沟通也会变成“一言堂”。

爸爸想要做孩子的“自己人”其实不难。每个孩子都有亲近爸爸的渴望，爸爸只要在孩子试着接近自己的时候，多和孩子亲密互动，以朋友的方式和孩子交谈，不要总用家长的口吻和孩子说话。这样，孩子很快就能和爸爸建立起平等、亲密的感情。

★ 试着用孩子的视角看世界

日本著名的儿童文学作家黑柳彻子，曾以一本《窗边的小豆豆》享誉全球。这本书流行于很多国家，作者被认为“再也没有比她更了解孩子的了”。许多孩子看了这本书后，很羡慕豆豆能有那么好的机会去巴学园，能碰到像小林校长那么好的老师。

在很多大人的眼中，这本书的主人公小豆豆纯粹是一个问题儿童——实际上在巴学园中，每一个孩子都是我们眼中的问题儿童。那么孩子为什么还会羡慕她呢？原来，小豆豆因为淘气被原学校劝退，来到一所新学校——巴学园。小豆豆到巴学园做的第一件事情，不是被妈妈当着校长的面“揭疮疤”，也不是接受校长、老师的思想教育，更不是听“要是再那样的话，你就没学上了”之类的恐吓、耸听之危言；而是校长把妈妈打发走之后，把椅子拉到小豆豆面前，面对小豆豆坐下来，说：“好了，你跟老师说说话吧，说什么都行，把想说的话，全部说给老师听。”然后，小豆豆就把陈谷子烂芝麻的事情都搬了出来，甚至把“擤鼻涕、钻篱笆”的事都说了出来，当小豆豆因绞尽脑汁仍找不到有什么可说的而伤心时，校长摸着她的头说：“好了，从现在起，你是这个学校的学生了。”

校长的一上午 4 个小时的时间就这样“浪费”了，但在这么长的时间里，校长先生不但“没打一次呵欠，也没有露出一次不耐烦的样子，而且像小豆豆那样，把身子向前探出来，专注地听着小豆豆的话”。小豆豆感觉到“只有校长一个大人这么认真地听小豆豆说话”“和这所学校的校长在一起的时候，她感觉非常安心、非常温暖，心情好极了”“能和这个人永远在一起就好了”。

爸爸要想和孩子沟通到位，就必须站到离他“最近”的地方——爸爸也可以将自己暂时当作一个小孩，站到孩子的队伍中去。这样，爸爸接收到的讯息才是来自孩子心底的真实声音。所以，爸爸不妨经常当个小孩子，和孩子谈谈他们感兴趣的事物，谈谈他们心中的想法。当爸爸真的把自己当个孩子，用孩子的视角看世界时，就会发现突然和孩子多了很多共同语言，也突然能够理解孩子的很多想法和行为了。

★ 挖掘孩子行为背后的原因

高效率的沟通，其实就是爸爸能够用最短的时间了解孩子行为背后的原因或动机。如果爸爸们在看到孩子的某种不当行为之后，能够引导孩子讲清楚自己的想法，那么，这要比爸爸反复禁止或者批评孩子的行为好得多。

一个孩子上学总是迟到，老师把他爸爸找来，告诉了他这件事。爸爸回家后，并没有打骂孩子，而是叫来孩子问：“你能告诉爸爸，为什么你出门那么早，却总是迟到吗？”孩子听后，竟然有些兴奋地回答：“爸爸，你不知道我出门的那个时刻朝阳有多美！我天天看着它，看着看着就忘了时间了。”

第二天一早，爸爸和孩子一起出门，当他看到孩子所说的朝阳确实十分美丽时，立刻赞扬道：“儿子，你说得没错，朝阳简直太美了！你真棒，能够发现这么美的景物。”这一天，由于爸爸的陪伴，儿子没有迟到。晚上，当他回到家时，发现自己的书桌上放着一块手表，旁边还有一张纸条，上面写着：“儿子，你带爸爸看的朝阳美极了。但每天的朝阳其实也在提醒我们珍惜时间，你说对吗？爱你的爸爸。”这个孩子明白了爸爸的意思，他戴上了手表。从那以后，他再也没有迟到过。

爸爸要想和孩子沟通得有质量、有效率，就不要停留在对孩子表面行为的评价和批判上，而要追寻其背后的原因，进而帮助孩子分析事情利弊，引导孩子做出最恰当的选择。如果爸爸每件事情都能按照这样的方式教育孩子，那么想必爸爸不用花太多力气和口舌和孩子沟通，也能达到良好的教育效果。

【忙爸爸一分钟教子金句】

在一个家庭中，通常妈妈扮演“唠叨”的角色。这个角色当然是不能缺少的，这是孩子得到非常细致的爱的来源。当妈妈已经靠“数量”来和孩子沟通时，爸爸的沟通就一定要有“求质”的目标。这样，一个掷地有声，一个事无巨细，孩子得到的爱和教育才能更加完整、完善。

……第六节………………

融洽相处，父子变“铁哥们”

一个大名叫张悦轩、小名叫天天、外号有“暖男”和“捧场王”的小朋友，在《爸爸去哪儿》播出后被大家所熟知，并受到了很多人的喜欢和赞扬，因为他既听话又可爱，还懂得考虑别人的感受。而最令人感到新奇和温馨的是，天天和张亮的相处，就像一对朋友一样，无话不谈、志趣相投。他们能玩到一起、说到一块，甚至有时天天还会直呼张亮的名字，将自己和爸爸之间“铁哥们儿”般的好关系展露无遗。另一方面，天天对张亮该有的尊重、崇拜、听从一点都不少。玩的时候，他们就像一对非常要好的朋友；而在某些是非时刻，天天又非常信服和顺从张亮。

在中国，这样的父子关系是比较少见的。也许很多爸爸觉得这样会让自己失去“威严”，让自己“掉价儿”；而大部分爸爸则没有那份和孩子玩到一起的童真与情致。大部分家庭中，爸爸就是爸爸，是长辈，是被尊重和服从的对象；而孩子则处于“被统治”地位，要听爸爸的、尊敬爸爸，不能“没大没小”。但实际上，这种传统的父子（父女）模式，不仅难以让彼此产生很深的感情，对孩子的教育其实也是益处不大。

首先，孩子如果总是“仰视”爸爸，那么心中对爸爸的感情会停止在“敬”的阶段，对爸爸的“爱”也更多是“敬爱”的成分，而没有那种打不散拆不开的“哥们儿之情”。这样，孩子在长大后、心事增多时，很快就会疏远爸爸，也很容易随着年龄的增长和爸爸产生矛盾。所以，这种传统的关系对彼此的感情很难起到“润滑剂”和“黏合剂”的作用。

其次，爸爸想树立自己的“权威”，以达到教育孩子的目的，这只在孩子较小的时候比较奏效——孩子会因为害怕爸爸而听从爸爸。当孩子逐渐长大，他有了自己的独立意识，对爸爸害怕的情绪减少，而爸爸又难以从道理和感情上说服孩子，那么孩子就很容易“反抗”爸爸的管束。所以，“怕父亲”的家庭模式对教育没多大益处。

那么，爸爸如何才能像张亮一样和孩子做朋友、做哥们儿，并且还能让孩子听自己的呢？我们就要学习一下张亮是如何与天天相处的。

★ 放下爸爸的架子，守住一份童真

张亮在和天天相处的过程中一点父亲的架子也没有，他从来不会用父亲的身份去命令天天、教训天天，反而经常像个孩子一样跟天天一起玩。在对他的采访中，他也坦言道：“我跟天天平时的关系其实就是这样的，大家看到的状态就是我们平时在家的状态。我觉得我是一个非常典型的80后父亲。我希望可以和孩子一起成长，我觉得我自己本身就是一个孩子，现在就是一步步地，不可预知未来地，跟孩子一起互动、成长，我非常享受这个过程。”

想必很少有爸爸愿意说自己还是个“孩子”，希望和孩子一起成长，而张亮却愿意在全国观众面前承认。这说明他没有摆父亲的架子，而是有心要跟孩子做“哥们儿”，所以才能毫无顾忌地这样讲。这给爸爸们上了非常好的一课，那就是：不用刻意守着“为父”的权威，有时展现自己童真的一面，才能更快地和孩子做真正的朋友。

★ 善于表达情感才能真正成为朋友

既然是朋友，就一定要有感情，并且是平等的感情。张亮就是这样与天天做朋友的。

张亮从来不因为自己是爸爸而掩饰自己的感情，无论是对孩子的爱，还是对孩子的歉意。在节目中，张亮不止一次向天天说“对不起”。其中一次是在北京灵水村，他不小心将水倒在了天天的运动鞋上，天天非常生气，甚至喊着要他“赔一双”。然而，他一点都没觉得被孩子斥责之后“很丢脸”，也没有训斥孩子，他知道天天是个非常爱干净的孩子，鞋子湿了就一定会沾上泥，所以他很理解天天激烈的反应，立刻对天天说了声“对不起”。非常自然，且毫无怒气，能看出来他平时经常这样对孩子表达歉意。接着，他安慰天天，并帮着他想解决办法。

张亮也不掩饰自己对天天的信任。第一次出门参加节目时，天天担心自己表现不好，反复问张亮：“你相信我会听话吗？”张亮毫不犹豫：“我当然相信你了，我不相信你谁相信你。”

对天天的爱、和天天相处的幸福，张亮更是经常挂在嘴上。在后来拍摄的《爸爸去哪儿》电影中，天天主动要求给张亮洗脚，张亮非常感动，对低头认真洗脚的天天说：“你觉得我幸福吗？”天天反问：“你觉得你幸福吗？”张亮毫不犹豫：“我觉得我挺幸福。我儿子给我洗脚，我当然幸福。”

信任、爱、偶尔的歉意，这不正是朋友之间的情感吗？正因为张亮能平等地看待自己和天天的关系，愿意跟孩子做“朋友”，天天对爸爸的感情才会那么深。在节目中，他也总是非常直白地表达自己的感情，做错事会主动向张亮说“对不起”，“情到深处”时还不断地说“爸爸我爱你”。

生活中很多爸爸也希望跟孩子做朋友，但却不重视向孩子表达自己的感情。但实际上，表达感情才是真正拉近“朋友”距离的方法。大方地向孩子表达你的爱、你的信任、你偶尔的抱歉，孩子会因为体会到了你对他的真实情感而变得自信，也会越来越愿意向你靠近。

【忙爸爸一分钟教子金句】

和孩子做父子（父女），他长大、独立后，迟早会和你产生距离、代沟；而和孩子做朋友，你一辈子都会和孩子保持一份深厚的感情。再者，朋友式的相处，其实比“家长制”会产生更好的教育效果。既然如此，爸爸们何乐而不为呢？

……. 第七节 …………………

同乐同忧，朋友的真谛是分享

爸爸要想和孩子做真正的朋友，就要有与孩子同甘共苦的意识。真正的朋友会分担痛苦和分享快乐，只有这样彼此之间才会真正有共同话题，有互相关心、理解、信任的感情。如果爸爸只是在嘴上说“我们可以做朋友”，但面对孩子心里的苦恼却懒得去倾听、帮助、解答，孩子有高兴的事情自己也没耐心去了解和同乐，那么又怎么能称得上是孩子的朋友呢？又怎么能让孩子和你无话不谈、亲密无间？

可见，爸爸和孩子做朋友，不能只停留在语言上，还要表现在行动中，要主动分担孩子的苦闷、分享孩子的快乐。

★ 帮助孩子解决人际关系难题

从孩子产生个人意识开始（一般是 3 岁左右），孩子就会开始倾向于和同龄人交朋友，同时人际关系方面的问题也会随之产生。每个小孩都会担心小伙伴不喜欢自己、不愿意和自己玩，当他们觉得自己“被孤立”时，尤其会感到害怕和难过。这时，作为孩子“大朋友”的爸爸，就有必要站出来分担孩子的苦恼，教会他如何与同龄人愉快相处。

首先，爸爸要多锻炼孩子与人交往的能力，鼓励他多和同学、朋友一起玩。孩子和同龄人在一起待得多了，自然就会渐渐体会到与别人交往的技巧，会逐渐习惯一个与家不同的环境，知道自己不是在哪儿都能得到别人的宠爱和忍让。这种意识的形成对于孩子来说是很有益的。

其次，爸爸要教会孩子分享，别让孩子形成“吃独食”的习惯。孩子在小的时候，父母就要尽量避免把家里的好东西都给孩子独享，这样会使他变得很自私。平时，父母带孩子出去的时候，在外面遇到了同龄的孩子，可以鼓励孩子把自己的食物、玩具和对方分享，体验分享的快乐。当孩子成为一个懂得分享的人时，他自然会受到同龄人的欢迎和喜爱。

另外，爸爸还要让孩子懂得尊重别人。不尊重他人的人，即使再慷慨大方，也很难有真心的朋友。尊重他人，最基本的要求是对别人有礼貌、不嘲笑别人的缺点、不出言不逊。孩子稍微大一些时，爸爸还要告诉他，尊重别人也包括认真倾听别人、关注别人、随和、谦让。当孩子拥有这些品质的时候，他的人际关系自然不会差。

★ 青春期的困惑，爸爸懂

真正的好朋友是能袒露自己心底“秘密”的人，也是尽自己所能帮助对方的人。因此，爸爸还要关心孩子心中不好意思说出来的小秘密、小困惑，并尽力帮助他解决。其中最值得爸爸关注的，就是孩子的“青春期烦恼”。随着青春期的到来，每个孩子的身体都会发生非常大的变化。由于变化大多发生在身体的隐私部位，因此大多数孩子都难以开口述说和咨询大人。这时，如果爸爸能以一个朋友的身份，给孩子介绍青春期的相关知识，孩子就会从心理上放松很多。

爸爸向儿子传授青春期知识时相对方便一些，可以以轻松的口气告诉他将要面临的变化，并恭喜他开始向成年转变。有女儿的爸爸也可以大方地将这些知识通过书本的方式传递给女儿，甚至可以和女儿轻松地简单沟通，以表示对女儿的关心和恭喜。

如果爸爸能像朋友般对孩子进入青春期表示关心和祝贺，孩子面对青春期时身体的不适、烦躁、害羞、紧张等情绪就会减轻很多。当然，这种小秘密的分享、小困惑的解答，也会让父子（父女）之间的关系更加亲密。

★ 再小的欢乐都值得分享

作为成年人的我们，在获得成功、经历喜悦的时候，都希望有人来与自己分享。分享快乐，会让这种愉快的氛围扩大。经常与别人分享快乐的人，他的生活会更加美好。

同样，孩子也是一样，甚至他们对分享的渴望更加强烈。在孩子眼中，这个世界是非常神奇、新鲜的，他们充满探索欲，当然也希望自己在有“新发现”的时候能与别人分享；再者，由于孩子经验少，所以当他们做出新尝试、新举动时，心中非常渴望得到别人的认可，尤其是来自爸爸的肯定。这种肯定会让孩子信心大增，不断地去尝试更多、更难的事物。

可见，爸爸不要觉得孩子的世界太“幼稚”，懒得替孩子的“芝麻小事”高兴。相反，只要是孩子分享给你的，无论事情大小，爸爸都要笑而对之，不要让孩子觉得自己不被重视。

一个阳光明媚的下午，5岁的女孩晶晶在草地上玩跳绳，爸爸在一边坐着看书，不时抬头看看女儿。

不一会儿，晶晶兴冲冲地跑到爸爸面前，说道：“爸爸，我告诉你一件好事。你猜，是什么？”

爸爸想，有什么好事值得这样高兴？就随口猜道：“妈妈是不是答应回来带你吃大餐？”晶晶摇摇头。“那是你上学的时候被老师表扬了？”晶晶还是笑着摇摇头。“那一定是你奶奶答应给你买新玩具了！”“不对不对。爸爸，我告诉你，我能一次连续跳5下了！厉害吧？”说完，她冲着爸爸挥了挥手里的跳绳，调皮又开心地笑了。

爸爸虽然觉得这算不得什么“好事”，但他还是笑着夸奖晶晶：“真的？你太棒了！恭喜你！”晶晶得到了肯定，更加开心了，转身又跑到草地上愉快地跳绳去了。

孩子的世界总是非常简单，他的每一分喜悦其实都说明了他在感知、在尝试;经常表现得很开心的孩子，他对快乐和幸福的感知能力也非常强大。爸爸在面对孩子分享喜悦时，千万别不当回事，回复给孩子一个微笑、一句赞扬，孩子就会得到鼓舞。

总之，要做孩子的好爸爸兼好朋友，就要重视孩子的每一分感受，帮孩子分忧，与孩子同享乐趣。

【忙爸爸一分钟教子金句】

爸爸经常与孩子一起分担、分享，孩子也会学着爸爸的样子与自己的朋友同甘共苦。这其实也在无形中帮助孩子形成了好的品质和习惯，在他以后的人生路中，也会成为他广交朋友的法宝。

……第八节…………………

“友情”贵对等，老爸错了也要真诚道歉

爸爸是否真正做到了和孩子做平等的好朋友，另一个重要的衡量标准就是爸爸是否能在自己犯错的时候，勇于在孩子面前承认错误，并真诚地向孩子道歉。

很多时候，爸爸觉得自己是个大人，是家里的“男子汉”，向一个小孩子道歉未免有失“身份”和“尊严”。因此，有时即使发现自己错了，也只会在心里默默后悔和愧疚，而绝不会说出来。

其实，爸爸在做错的时候向孩子道歉并不会让自己的威严打折。在孩子面前做一个是非明确、勇于承担的爸爸，反而会让爸爸的形象更加高大。同时，爸爸的这种行为也会影响孩子，让孩子学会认识错误、主动承认错误，这对孩子的成长也是非常有意义的。

当然，爸爸还应该明白的是，用道歉来解决犯错的方式并不是长久之计，必须减少犯错，才能让道歉真正起到作用，给孩子树立一个“知错就改”的榜样。因此，爸爸一定要在没犯错的时候尽量避免犯错，犯错之后立刻承认错误，并且保证下一次不会犯同样的错误。

★ 控制情绪，尽量不犯没必要的错误

爸爸在教育孩子时犯的错误，很大一部分都是因为无法控制自己的情绪，不是失去耐心对孩子吼了，就是性子急还没了解情况就责怪孩子了。要避免犯这样的错误，爸爸必须学会控制自己的情绪。

命令、怒骂、责怪式的语言，如果经常出现在爸爸口中，就会让孩子误认

为爸爸对自己不重视，才会用恶劣的态度对待自己。因此，爸爸要养成用礼貌用语和孩子沟通的习惯，即使是只有自己和孩子在，也要常说“请”“谢谢”“不客气”等，并尽量用温柔的语气和孩子对话。这样，孩子就会感觉到爸爸的尊重和关爱。

很多爸爸脾气比较急，总是在看到孩子令人不悦的行为之后就立刻发火，而没有先去了解孩子是否有正当的理由；因此，常常在教育孩子的过程中因误会而犯错。这就要求爸爸要管住自己的脾气，不要总是让情绪牵着自己走。在想发火的时候，深呼吸 30 秒，然后再用平和的语言询问孩子，也许你会因为自己没有莽撞发火而庆幸。

★ 不用错误的方式教育孩子

用错误的方式教育孩子，也是老爸们经常犯的错误，并且这种错误不容易被发觉，因此更不容易被改正。下面就是两种爸爸在教育中经常会犯的错误。

第一，捉弄孩子。

有些爸爸喜欢用捉弄孩子的方式和他玩，或者对他进行“教育”。这其实很不恰当，会让孩子对事情的概念模糊，甚至对爸爸产生不信任感。

苏苏今年 3 岁，是一个非常聪明的小女孩，但是最近她被爸爸弄得有些“迷糊”。

这天晚上，苏苏的妈妈因为有些工作需要处理，就让苏苏在客厅和爸爸玩，自己则关上门在书房专心工作。不一会儿，爸爸就嫌苏苏太顽皮，于是对苏苏说:“苏苏，你知道妈妈在干什么吗？”“妈妈在工作！”苏苏响亮地回答。爸爸笑着说:“妈妈在骗你，她没在工作，是在里面偷偷吃好吃的，不信你去看看。”苏苏听了，小眼神有点失落，又有点好奇，很想进屋去看看，但她想到妈妈不喜欢自己去敲书房的门，最终还是忍住了。苏苏一直不停地在往书房的方向看，一副惴惴不安的样子。这一晚上，爸爸倒是觉得安静了，可苏苏的心里却疑惑极了:妈妈说过不许骗人，可妈妈为什么骗我？妈妈是在吃好吃的吗？到底在吃什么？为什么不给我吃？

还有一天晚上，苏苏正在聚精会神地看动画片，爸爸突然指着苏苏的鼻子哈哈大笑起来:“你的鼻子上是什么？好脏呀！你简直就像一只脏脏的小猪！”苏苏平时最爱干净，最讨厌别人说自己像小猪，她立刻急得哭了起来，还跑到洗手间踮着脚照镜子。可她看来看去，鼻子上什么都没有。她不禁非常纳闷：爸爸为什么要这么说我？

在生活中，即使爸爸觉得再好玩，也不要捉弄孩子。现代著名教育家陈鹤琴先生就坚决反对捉弄孩子，他认为和孩子玩也是德行教育，经常被捉弄的孩子会出现品德方面的缺陷。例如大人经常用欺骗孩子的方法，弄得孩子着急，博得成人哈哈一笑，孩子就会慢慢养成不信任他人和说谎的毛病。

第二，贬低孩子。

贬低孩子也是爸爸经常犯的教育错误。比如“你长得真丑”“你真笨”等。虽然爸爸这样说并非出于真心，可能只是在用自己的方式和孩子开玩笑，但孩子是分不清玩笑的，他会当真，并且会因此逐渐产生自卑心理。如果爸爸经常这样说，孩子就会变成一个极度不自信的人。所以，爸爸即使是开玩笑，也不要用这样的方式；爸爸要多夸奖孩子，永远不要有意贬低孩子。

★ 老爸错了也要认真道歉

当爸爸发现自己说了不该说的话、做了不该做的事，没有照顾到孩子的感受或者误会孩子的时候，一定要及时向孩子道歉。爸爸大大方方地说一句“对不起”，并不会让爸爸的形象降低，反而能增加孩子对自己的信任与尊重，还会加深亲子关系。

总之，爸爸和孩子相处时，尽量不要让自己犯错，无论是有意的还是无意的错误，都会对孩子的成长造成一定的影响。爸爸犯了错时，给孩子一个道歉，可以让孩子知道父母也会犯错，犯了错一定要承担责任、要改正。

【忙爸爸一分钟教子金句】

爸爸犯错时，不妨大大方方地承认自己的错误，并诚恳地说一句"对不起"。这样，不仅对孩子的伤害会降到最低，还会使孩子从中受益，学会认真做人，同时也学会宽恕别人。

第九节

寓理于事，好爸爸谈“情”不说教

爸爸和孩子做朋友，教育方式也要有所改变；不能以家长的身份来命令孩子，习惯性进行“说教”，否则不是让孩子觉得自己被强迫服从命令，就是让孩子觉得爸爸很唠叨、很麻烦。爸爸应该像朋友一样和孩子沟通，将情理说给孩子听，让孩子从感情上和道理上认同。这种不说教、以情说服的教育方式是最高效的。

★ 换位思考，是教育孩子非常有效的方式

驰驰是个10岁的小男孩，个性活泼张扬、敢说敢做。一天下午，驰驰的爸爸去接他放学，班主任告诉爸爸一件事：这天上午学校有一个小测试，就在其他同学都安静答题的时候，驰驰突然大笑了起来，指着旁边一个同学，大声喊“他尿裤子了！”引得其他同学都笑起来。那个被嘲笑的同学羞得满脸通红，急忙解释自己是不小心打翻了水杯……爸爸听着，脸也红了起来，连忙跟老师道歉。

这天晚上，爸爸请驰驰帮自己洗袜子。驰驰很愉快地答应了，还哼着歌儿，把袜子洗得很干净。但由于他年龄小，动作不娴熟，洗完袜子时裤子也湿了一大片。爸爸大声笑起来，还大喊“驰驰尿裤子了”，让妈妈也来看。驰驰又气又急，连忙辩解。这时，爸爸平和地对驰驰说：“被误会、被嘲笑的感觉很糟糕，对吗？”驰驰点点头，似乎明白了爸爸想说什么。“所以，我们不应该在没有弄明白事情是怎么回事之前就嘲笑别人，对吗？”驰驰说：“其实我今天也不是故意的。”

爸爸立刻点头道:“爸爸理解，你也是一个善良的小孩，一定不是故意让同学出丑的。现在你理解了同学的感受，以后当然不会再犯这样的错误了。并且，爸爸觉得，即使别人真的有了不好的事情，我们也不应该大声说出来，让别人害羞、难堪，对吗?”驰驰回答:“我现在明白了。我明天会去跟同学道歉的。”

试想，如果这位爸爸因为自己在老师面前丢了面子，就立刻生气地训斥孩子，禁止孩子以后这样做，那么孩子不一定明白爸爸为什么生气、为什么下禁令，下次有同样的事情发生时，他也不一定会遵守爸爸的命令，甚至会因为逃避责罚而撒谎。而这位爸爸很理智、巧妙地设计了一件同样的事情发生在孩子身上，让孩子理解被嘲笑的感觉。同时，孩子并没有对爸爸的教育产生抵触和反感，而是非常用心地听了爸爸的建议。可见，在教育孩子时，最好用感染孩子的方式让他去理解事情本身，而不是强制和命令。

★ 诚恳地告诉孩子自己的感受，不摆出家长的架子说教

在和孩子沟通的时候，可以经常用提建议的方式来告诉孩子自己的感受，让孩子去想、去理解，让孩子知道怎样做更正确、更让人喜欢，从而引导孩子自己去矫正行为。这样，即使爸爸不训斥和命令孩子，孩子也能将很多事情都做得非常好，并且懂得去考虑和理解别人的感受。另外，即使孩子犯了错，确实应该批评，也要尽量变换一种表达方式。同样的一句话，用不同的方式说出来，收到的效果往往大相径庭。比如孩子做错了事，你可以委婉地告诉他:你再想一想，这样做，对吗?是不是还有更好的方法呢?又如，孩子画了一张看上去非常粗糙的画，但他自己很得意，满怀希望地以为能得到你的夸奖。这时，如果你对他的画不屑一顾，说“你画的是什么呀，看上去乱七八糟的”之类的话，孩子的情绪肯定会一落千丈，再也不想拿起画笔了。如果你把孩子的画拿

来仔细地看一看，猜猜看孩子画的是什么，让孩子讲一讲自己的得意之作，表现出很感兴趣或恍然大悟的样子，并告诉孩子，“你画得真不错，真有想象力，如果把这个地方稍微改一改就更好了”，孩子这时多半会很高兴，并且会很愿意按照你的建议进行修改。

★ 杜绝大声呵斥和行为暴力

如果孩子的行为真的很令人气愤，或者孩子非常无礼地顶撞了你，让你很想大骂他一番，或者动手教训他一下，这时，千万不要动手，先试着做几个深呼吸，把自己的情绪稳定下来。因为在愤怒时做的决定，事后往往会令我们后悔。平静之后，你会想到暴力给孩子带来的身体伤痕和心理伤害，继而再考虑用一种平和的、孩子能够接受的方式，帮助他改正自己的行为。

总之，和孩子相处的过程中，爸爸只要随时提醒自己，“我是孩子的朋友”，并时常思考朋友之间是如何相处和互提意见的，才能让孩子既心服口服，又不会对自己“敬而远之”。

【忙爸爸一分钟教子金句】

每个孩子都是有自尊心的，虽然他们也愿意成为最懂事、最受人喜爱的孩子，但是他们也绝不希望爸爸用训斥和强制的方式给出建议。他们渴望爸爸能和自己平等地沟通，用温柔的、朋友般的方式告诉自己什么是对、什么是错。

……第十节…………………

亲身示范，在交往中告诉孩子怎样交朋友

爸爸以朋友的方式和孩子相处，还有一个好处在于，可以用实际行动告诉孩子，该交什么样的朋友、怎样和朋友相处等。

人是社会性动物，人际交往在人的一生中显得尤为重要。正如爱尔兰政治家、哲学家埃德蒙·伯克所说："喜欢社会中一小群志同道合的朋友，这是人的社会属性的基本原则。"每个人都离不开朋友，朋友是快乐的源泉，是人的精神支柱。卡内基夫人也曾经感慨道："周围都有好朋友的人，比四面楚歌的人不知幸福多少。"可以不夸张地说，人没有什么，都不能没有朋友。

那么，爸爸应该怎样引导孩子成为一个既受人欢迎，又懂得择友的人呢？

★ 不以貌取人，和谁都能交朋友

以貌取人的人，常常与真正有实力、值得交往的朋友擦肩而过。如果孩子总是看人的外表来决定是否和他交朋友，那么他的交友观是令人担忧的。爸爸应该从小就告诉孩子看人不要看外表，要试着用心去了解一个人的内在，学会欣赏别人的长处。这样，才不会错过那些心地善良、品行优秀、聪明有才华的人。

★ 让孩子在交友时怀抱一颗宽容的心

美国著名的文学家艾默生说过："宽容不仅是一种雅量、文明、胸怀，更是一种人生的境界。宽容了别人就等于宽容了自己，宽容的同时，也就创造了生命的美丽。"在社会中与别人接触，人与人之间难免会有摩擦。如果一个人每次遇到冲突都要争个高低、针锋相对，那么他的人生一定是充满矛盾和不快的。爸爸应告诉孩子，遇事不妨退一步，忍让一下，能宽容别人的地方要尽量宽容，这样既能给自己一个好心情，又能赢得良好的人际关系。

★ 关心朋友，交往时充满热情

有些人虽然能交到不少朋友，但往往不懂得维系友谊，时间一长就淡化了友情，最终失去了朋友。要想让友谊之树常青，一定少不了关心和热情两个元素。每个人都喜欢和热情的人在一起，热情让一个人看起来充满活力，和他在一起经常能感觉到生活的精彩和有趣；而关心则是表达情感的最基本方式，关心朋友的人，会让友谊快速升温、牢固。

要让孩子变得热情，一个不错的方法就是让孩子多接触大自然。经常和大自然接触的孩子，往往比那些终日闷在家里的孩子见识更多、心胸更广，同时也容易对很多事情产生兴趣。而且，经常在室外玩耍的孩子，活动量要比闷在家里的孩子大得多，这可以使孩子的身体更加健康、精力更加充沛，做起事来也有更好的精神。

要让孩子懂得关心别人，需要爸爸给孩子树立一个榜样。平时在家的时候，爸爸要多用关心的语言和孩子沟通，并且不时地引导他学着去关心别人。比如，让他自己定时打电话问候爷爷奶奶；或者教他关心晚下班的妈妈累不累、吃没吃饭等。长期生活在关心中的孩子，自然也会成长为一个懂得关心别人的人。

★ 让孩子学会合理拒绝

美国幽默作家比林提出："一生中的麻烦，有一半是由于太快说'是'、太慢说'不'造成的。"可见，不懂得拒绝的人生将是非常累的。而学会合理拒绝，不但能够帮助孩子减少过多的人际负担，还能帮助孩子成为一个理智的、有主见的人。

学会适当拒绝朋友的不合理要求，首先要让孩子明确哪些要求是合理的，哪些是不合理的。爸爸要帮助孩子确立一条分界线，或者说是一个原则，比如，把自己一小部分、不是特别贵重的东西借给朋友是可以的，但倾家荡产地资助朋友是不可取的；帮朋友搬家、收拾东西这些都没问题，但如果是替朋友撒谎则是不正确的。

另外，爸爸还要教孩子如何委婉地拒绝朋友，不要表现得太直白、太决绝，否则可能会影响彼此之间的关系。比如，可以教孩子记住“我再考虑考虑”“我可能没能力帮助你”等此类话语，这样的话语可以给对方留面子，也不至于破坏朋友之间的感情。

总之，交朋友是一门非常复杂的学问，有很多注意事项和细节需要爸爸教会孩子。在平时和孩子的相处中，爸爸和孩子做朋友，用对待朋友的方式对待孩子，这样能教会孩子如何在外结交朋友。

【忙爸爸一分钟教子金句】

中国有句话叫“在家靠父母，在外靠朋友”。爸爸教给孩子正确的交友方式，其实也是赋予了他一种获取快乐的本领，以及走到哪里都有人帮助的生存能力。

第六章

当玩伴

变身老“玩”童，可爱老爸带出聪明孩子

很多爸爸认为，自己应该在孩子面前收起爱玩的一面，用自身的努力、认真来影响孩子，让他也能严肃地对待学业，多下苦功夫把学业搞好。但实际上，玩耍能让孩子长见识，也能让孩子提高相应的能力。玩也是孩子的一门课。爸爸如果能在不工作的时候偶尔变身老“玩”童，和孩子一起玩，这对孩子来说也是一条非常好的学习途径。

……第一节…………………

玩物不“丧志”，游戏好处多

中国有一句古话叫“玩物丧志”。在中国人的传统价值观中，学习是很严肃的事，必须手捧书本、专心致志，才算是在吸收知识。而玩耍在中国父母眼中则完全属于“调整休息”的范畴，是学习中暂时休息的阶段。因此，大多数中国父母对孩子的要求是“多学少玩”，并且不能对游戏或玩具等过于迷恋，否则就会因为过于贪玩而荒废学业。

其实，对游戏的这种看法是有片面的。虽然游戏看上去是一种休闲娱乐活动，但它也有不可小觑的教育功能。也就是说，游戏和学习并不是完全对立的，游戏也是学习的一种形式，而且还能帮助孩子学到不少知识和技能。

★ 游戏可以教会孩子认知

孩子降临到这个世界上之后，除了吃之外，恐怕学会的第二件事就是玩了。婴儿时期躺在摇篮里自己玩，肢体有力气之后爬着玩、到处摸东西玩，再大点会摆弄东西玩……可以说，孩子对世界的认知，最初就是从玩开始的。游戏正是孩子认识与理解世界的开端，在不断地玩乐当中，孩子逐渐认识所有的事物。所以，游戏的一大好处，就是让孩子对这个世界从一无所知到十分熟悉。尤其是对较小的孩子来说，玩就是学习，玩甚至比学习还能长见识、掌握本领。

爸爸一定要让孩子多玩、多动手，哪怕只是机械地摆弄东西。因为孩子所进行的一切活动都是学习，都是智慧的源泉，各种感觉成了孩子与外界沟通的学习通道，看、听、尝、闻、触摸、做，这些感知觉的发展共同促进了孩子的大脑发育。

★ 游戏提高孩子的处事能力

当孩子稍微长大一些，玩的游戏也会变得复杂起来。比如，某些游戏有一些需要遵守的规则，或者需要与别人合作才能完成。这样，孩子至少能够从游戏中获得两种能力的提升：第一，必须遵守游戏规则，这能让他们体会到什么是约束，加强他们在生活中遵守社会规则的意识；第二，孩子学着与他人合作，不仅团队意识会提高，并且还能逐渐学会如何更好地融入大环境、更好地和他人相处。

当然，孩子在最初参与合作游戏时，或许还不太了解合作的意义，还有着较强的个人意识。这就需要爸爸多关注这个时期的孩子，给孩子一个正确的引导，让他快速懂得团队的内涵。

球王贝利从小就爱踢足球。10岁那年，他和几个同样喜欢足球的小伙伴组成了一支“九七”球队。然而，这是一帮穷孩子，连一个足球都买不起。后来，贝利的母亲给他出主意，让他带领队员，沿路收集一些废铜烂铁、空瓶空罐，卖给废品站。贝利和几个小伙伴努力了许久，终于攒够了买球的钱。他们买到球后，开始积极地组织训练，并不断参加各种比赛。在一次比赛中，贝利的“九七”足球队获得了市少年足球组冠军。因为贝利是队长，进球又最多，他很幸运地得到了一些奖金。贝利把钱拿回家，兴冲冲地交给母亲。母亲问了钱的来历之后，严肃地说：“没有全体队员的共同努力，你能独立赢得比赛吗？你怎么能独占这些钱呢？”贝利愣住了：是啊，在球场上，如果队友们不齐心协力，就算自己是天才，也未必能将球踢进对方的球门呀！想到这里，贝利的脸发烫了，他拿着钱转身就跑出去，把钱分给了小伙伴们。后来，贝利被推荐给巴西国家队，并因为球技精准被称为“神射手”。但无论众人怎样赞誉他，他从来都不觉得自己有什么了不起，在赛场上也更加注重和队友的默契配合。得到了荣誉，他也从不吃独食。他创造了足球史上的神话，被誉为“世界上最伟大的天才球员”。接受媒体采访时，贝利拥着他的队友们说：“我不是天才。天才一个人创造不出美丽的神话。一个人的成功，离不开团队合作的力量——这是我母亲从小就教给我的道理。”

★ 游戏提高孩子的动手能力

游戏能够提高孩子的动手能力，这应该是游戏最明显的一个优势。当孩子还躺在摇篮里触摸眼前的玩具时，当孩子摆积木、乱涂鸦、玩沙土时，孩子的手和大脑的灵活度都在其中得到了很好的锻炼。

这其实也在告诉爸爸们，当孩子开始展现出他的“玩”心的时候，既不要阻止，也不要去过多地帮助他。孩子在玩的过程中会自己想办法克服困难，而这个克服困难的过程，正是他手脑并用、快速进步的过程。所以，多让孩子接触一些动手游戏，并把完成游戏的机会让给孩子，这对孩子来说有莫大的好处。

★ 游戏开发孩子的思维

玩游戏也是一个开发思维的过程。对孩子来说，一个小游戏或许就是一次挑战，孩子需要想办法攻克游戏过程中的难关。比如，当孩子想将水从卫生间运到阳台去浇一盆花时，发现用手捧不行，他就会开始思考怎样才能顺利运水。如果孩子最终找到一个容器把水运到了阳台，孩子从中就学会了转换思维。很多人常常说“会玩游戏的孩子聪明”，这其实有一定的道理。

玩是孩子的天性，是孩子浓厚的兴趣所在。而在这个快乐的过程之中，孩子的各方面能力也得到了快速提升，爸爸还有什么理由限制或剥夺孩子玩的权利呢？

【忙爸爸一分钟教子金句】

孩子玩的过程，就是在认识世界、锻炼能力，孩子玩得越开心、越会“玩”，说明孩子的能力越不一般。将孩子玩的时间大大缩短，强制他多学习，这样培养出来的孩子未必聪明。相反，只要告诉孩子如何玩和学，让孩子玩的时候能尽情地玩，学的时候也能踏实地学，这样的孩子才最有可能获得人生的成功。

……第二节…………

每天半小时，爸爸是孩子最渴望的玩伴

相信很多爸爸都曾听到孩子这样说过：“爸爸，陪我玩会儿好吗？”看着孩子那仰起的头和期待的眼睛，你是怎么回答的呢？大部分的爸爸可能都会用这句“口头禅”应付过去：“听话，你先自己玩，爸爸有空了再跟你玩。”给出这个回答的爸爸一般出于两方面的原因：一是非常忙，不想因为玩而耽误工作；二是觉得没必要非得亲自陪孩子玩，孩子自己玩一样可以，如果有时间，还不如多教教孩子道理、多督促他学习。抱有这种想法的爸爸恐怕错过了很多让孩子收获快乐和快速成长的机会。

对孩子来说，能和爸爸一起玩是一件非常开心的事情。平时非常忙碌的爸爸能陪他们玩，他们会充分感觉到爸爸对自己的重视和爱，亲子关系自然会在欢快的游戏中快速升温。另外，对孩子来说，玩就是另一种形式的学习，而对较小的孩子来说，玩要比学习能学到更多的东西。所以，爸爸千万不要觉得玩只是在消磨时间。

另外，爸爸陪孩子玩，与孩子自己玩的效果显然是不同的。游戏或玩耍有了爸爸的陪伴，就多了一分互动，会有很多意想不到的好处。

★ 孩子在和爸爸玩游戏的过程中能获取更多知识

孩子在和爸爸一起玩的时候能获取更多的知识，这是不言而喻的。比如，当孩子自己玩积木的时候，他只会摆出各种形状，却不知道为什么积木能一块挨一块地“乖乖躺着”，形成一个个物体。如果爸爸和孩子一起玩，孩子就能通过爸爸的解释，明白是由于地心引力才能将积木垒到一块。又如，假如孩子自己用拼图拼一个历史人物，他也许压根不知道自己所拼的这个形象是谁。而如果此时爸爸在身旁，他就可以给孩子讲讲这个历史人物的背景资料。虽然玩一次或许只能知道很少的知识，但积少成多，孩子就会逐渐变成一个见多识广的“小博士”。因此，爸爸不忙的时候，还是要抽时间多和孩子玩一玩，这比直接灌输给孩子知识要有效得多。

★ 爸爸和孩子玩游戏能增强孩子的独立性

孩子在和爸爸玩的过程中，无论是合作还是对战，孩子都会在潜意识中把自己当作更独立的个体，而不是平时黏着爸爸妈妈、什么事都要依赖别人的小宝宝。这是一个增强孩子独立性的好机会。

一个天气晴好的周末，爸爸带着皮皮到广场上去放风筝，并在去的路上就分配好了两人的任务——爸爸放出去，皮皮收回来。皮皮非常高兴，愉快地接受了任务。

风筝在爸爸的奔跑和牵引之下，高高地飞上了天空。皮皮看着它越飞越高，随风摆动着，好像在高处向自己打招呼一样，他不由兴奋地拍起手来。

谁知，皮皮的这种兴奋没持续多久就降温了。他看到广场上有很多白色的鸽子，注意力一下子被吸引了过去。皮皮蹲下身，一边对着鸽子说话，一边把自己带来的面包捏碎了喂给它们吃。爸爸看皮皮和鸽子玩得开心，就没有去打扰他。

谁知，要回家的时候，皮皮还是蹲在鸽子面前不肯走，不愿意去完成收线的任务。爸爸严肃地告诉他：“这是你的任务，你必须完成。如果你不收线的话，那我就会放手，让风筝飞走。”皮皮一听自己最心爱的风筝要被爸爸放走，立刻站起身来，去完成自己答应的任务。不过，对于年纪还小的他来说，收线也不是一件容易的事情。这时，爸爸走上前帮助他一起把风筝收了回来。皮皮有些不解，问道："爸爸，既然你愿意帮我，那刚才为什么不直接自己收回来呢？"爸爸见皮皮这样问，趁机教育他道："因为我们两个已经分工了，你也已经答应了。所以，收线就属于你自己的任务，必须要由你来完成。爸爸现在帮助你，和独自帮你收回来，是两件不同的事情。你参与进来，说明你对任务负责了，也说明你独立了，长大了。"皮皮点了点头，答应以后会完成好属于自己的任务。

爸爸和孩子玩的方式，可以参考皮皮爸爸的做法。首先要让孩子明确各自的任务，让孩子懂得自己的任务一定要自己完成。当任务对孩子来说太难的时候，爸爸可以伸出援手。但一定要让孩子把任务的归属和别人的帮助区分开来，这对培养孩子的独立性大有好处。

★ 孩子的心理越玩越健康

心理健康对一个人来说非常重要。爸爸多和孩子在游戏中对战，能够帮助孩子形成一种健康的心理。当然，这是在爸爸比较公平、讲原则的前提下。

比如，爸爸和棋艺相当的孩子下棋，如果爸爸不刻意"放水"，按照原有的水平下棋，孩子就会明白：我和爸爸是对手，是平等的，爸爸不会故意让着我，因此我要努力。而当孩子输了，尝到失败的滋味而生气时，爸爸就要适时告诉孩子："不管是游戏还是比赛，只要尽自己的努力就好，输了就是输了，要有输得起的气度。胜败乃兵家常事，输了再来，说不定下次就会赢。"

如果爸爸能经常和孩子进行这种公平的竞争，孩子就会在其中学到豁达，学到不惧失败、从头再来的勇气。这对孩子形成积极、健康的心理状态非常有益。

总之，爸爸和孩子一起玩游戏的好处很多，表面上或许是嬉戏、娱乐，但实际上爸爸能够在这个过程中传递给孩子更多东西，包括知识、独立的性情、勇敢的力量。

【忙爸爸一分钟教子金句】

对孩子来说，玩不仅是一件开心的事，更是一个接受教育的最佳机会。通过玩，孩子可以学到知识，学到和他人相处的方式，学到公平的概念。孩子在玩的过程中能增长多少能力，是数据难以说明的。

第三节

欣赏游戏，会玩也是孩子的能力

一个周末的晚上，妈妈精心准备了一顿丰盛的晚餐，准备叫儿子吃饭。这时外面突然下起了大雨，这个孩子立即跑到外面疯玩起来，在雨地里打滚、嬉闹，刚穿上的新衣转眼间就沾满了泥巴。他边跳边开心地对妈妈说："妈妈，我要跳到月球上去。"

这位妈妈并没有生气，反而很配合地说了一句："好啊，只是你别忘了从月球上跳回来，回家吃晚饭！"这个孩子就是阿姆斯特朗，第一个登上月球的人。

当阿姆斯特朗从月球返回地球的那一刻，记者采访他："此时此刻你最想说的话是什么？"阿姆斯特朗回答说："我想对妈妈说，我从月球上回来了，我想回家吃晚饭！"

阿姆斯特朗儿时的梦想变成了现实，与他有这样一位智慧的母亲是分不开的。她懂得尊重孩子，呵护孩子那纯真、富于幻想的心。

每个爸爸都希望自己的孩子将来有所成就，有一个成功的人生。但爸爸要明确的是，任何成就都离不开智慧和创造力。而让孩子变得更聪明、更富有创造力的最主要的方式之一，就是玩耍。很多爸爸不喜欢看到孩子玩，总是阻止孩子玩，这就在无形中破坏了孩子的创造力，也阻碍了孩子的智慧更上一个台阶。

★ 会玩的孩子多智慧

教育界有句名言：儿童的智慧在他们的手指尖上。心理学家也说：动作是智力的砖瓦。科学界发现，手的活动对大脑细胞成长、神经系统的发育有重要的促进作用，有助于提高抽象思维能力。所以，爸爸一定要记住，孩子可以没有华贵的衣食，也可以没有昂贵的玩具和节日礼物，但一定不能少了玩耍。

这是因为，在玩耍的过程中，孩子至少要完成几十种与大脑思维活动有关联的动作，例如掌握平衡、协调心理活动、处理问题等。通过玩耍，孩子能增强识别物体的能力，提高语言表达能力和思维想象能力，还能消除心理压力和恐惧感等。

可见，玩耍对于提升孩子的智慧是功不可没的。可以肯定的是，在孩提时代，孩子只要注意安全和适度，无论怎么玩都不过分，都是难得的成长。爸爸不要总将孩子关在屋子里，或者总督促他学习、看书，放手让孩子出去玩一玩，总有一天，你会发现，玩就是孩子最好的老师，它教给了孩子很多从别的地方学不来的东西，父母给不了、老师给不了的，孩子都能在玩中找到并学会。

★ 会玩的孩子善于创造

德国教育学家斯普朗格曾说：“教育的最终目的不是传授已有的东西，而是要把人的创造力诱导出来，将生命感、价值感唤醒。唤醒，是种教育手段。父母和教师不要总是叮咛、检查、监督、审查他们。孩子们一旦得到更多的信任和期待，内在动力就会被激发，会更聪明、能干、有悟性。”如何唤醒孩子的创造力，玩耍其实是最好的答案。

研究证实，在婴幼儿期，孩子在幼儿园或者家庭中的主要活动就是玩耍，而父母和老师对孩子的玩耍活动很少约束，孩子有非常自由的空间，可以随意想象、随意发挥。并且，这时孩子的思想很少受到父母和老师的干预，这样，孩子天马行空的想法就很少遭到别人的否定和指责，所以创造性思维发展良好。而当孩子慢慢长大，他们不仅要面对学业，父母和老师也开始对他们的想法、行为加以干涉和约束，以便让他们形成“正确”的、主流的、更易被别人接受的观念。另外，父母和老师此时对孩子要求更多的是学习知识，所以会开始限制孩子玩耍的时间。这样一来，孩子没了大量自由思考的空间，只能按照父母、老师的要求和渴望去思考、表现。孩子的创造力自然就低了。

所以，爸爸要想给孩子最好的教育，只要尽可能多地放手，给孩子多一些自己的空间就好。另外，爸爸还要给孩子足够的自由，才算是给了他“有效”的玩耍空间。如果爸爸总是限制孩子玩的内容，比如不想让孩子总玩沙子，觉得没意义，而要求孩子去玩组装汽车，这其实不是真正给了孩子自由玩耍的空间。一般情况下，孩子想玩什么，就说明对什么有极大的兴趣，这时如果爸爸限制孩子不许他玩，而必须让他玩自己指定的玩具，孩子其实很难在玩中提升能力。

再者，在孩子玩的过程中，爸爸不要“过度保护”，不要给孩子制定太多的规矩。比如，不许孩子把手弄脏、把衣服弄脏，不许孩子跑得快、跳得快，不许孩子破坏玩具。爸爸给孩子制定的规矩越多，孩子自由玩的可能性就越小。爸爸应该明白，有时孩子弄脏自己、弄坏玩具，甚至摔伤自己，可能换来的是无价的想象力、创造力和不可估量的智慧。

因此，爸爸不妨从心底认可孩子的玩耍，并欣赏孩子的玩耍能力。放手给孩子一片自由的玩耍天空，你收获的可能是一个非同凡响的创造型小孩。

【忙爸爸一分钟教子金句】

玩是孩子宝贵的体验课程、学习课程，玩耍一个小时，孩子的收获恐怕要比学习两三个小时还多。玩耍的孩子既快乐又能提升自己的能力，爸爸为何不给孩子一片自由的玩耍天空呢？

……第四节……………………

怎样和孩子玩，你知道吗？

玩耍对孩子来说是一种非常高效的学习形式。玩耍让孩子更聪明、更灵巧、更有想象力。因此，支持孩子玩耍、给孩子创造条件多玩耍、陪孩子玩耍，都是爸爸教育孩子的好方法。不过，不同年龄段的孩子，玩耍的内容和方式也不能一概而论。爸爸们如何结合孩子的能力、兴趣和特点，给孩子搭配最好的玩耍方式呢？

★ 不同年龄段的孩子有不同玩法

首先，爸爸要知道孩子在不同年龄段最常玩或者最适合的游戏。瑞士著名儿童发展心理学家皮亚杰通过多年的观察发现，孩子的玩耍要经历三个阶段：

在孩子出生后的两年内出现。这一阶段，孩子玩耍的主要特点是对各种动作的重复再现。比如，一次次地把刚垒高的积木推倒重来，一遍遍地拉着小车来回走，并乐此不疲。对两岁之前的孩子来说，任何一种活动、玩具或材料，只要他还在不厌其烦地重复进行和反复摆弄，就意味着这对他来说还有挑战性。

因此，爸爸不要急于让孩子去操作一些更复杂的游戏，以求尽快提高他们的能力；孩子在年纪尚小的时候，这种重复性的练习游戏就好比是在打基础，做好了它们，孩子的灵活性会得到提升，再操作一些复杂的游戏自然不成问题。

模仿游戏出现在幼儿园时期或者学前阶段。这一阶段，孩子获得的最主要的认知发展能力就是学会使用不同的象征。儿童常常模仿成人的活动，如“过家家”“小医院”“商店购物”等，装扮成想象中的角色。爸爸要了解的是：象征性阶段正是想象力发展、社会性发展和语言能力发展的重要阶段，是将教育要求内化为孩子“玩耍”需要的最好契机。根据这一时期孩子喜欢模仿的特点，爸爸可以自己“创作”一些游戏，将需要孩子掌握的知识融入其中。当然，游戏也要有一定的趣味性，才能引起孩子模仿的兴趣。

有位爸爸为了让三岁的女儿通过游戏练习数数，专门花了半天的时间和女儿玩这样一个自创的游戏：拍球数数。爸爸和女儿比赛谁拍得多，并且在拍的时候有意识地让女儿听自己数数，从一数到二百五十。如果中间皮球停下来，他还会接着数，一直到二百五十才停。后来，即使爸爸没有时间陪伴的时候，女儿也很喜欢自己玩这个游戏，并且不需要别人提醒，每次都能数到二百以上。

从孩子六七岁时开始出现，代表规则意识的萌芽。爸爸此时需要了解的是:随着孩子年龄的增长，孩子已经会选择玩伴，会变化玩的方式（包括选择玩的时间、改变玩的空间和环境、协商玩的方法等），他们不再局限于那些固有的游戏，而更喜欢创造新的游戏，拓展游戏的空间。

这时，爸爸可以多给孩子一些选择的空间和自由，多由孩子来决定玩什么、怎样玩，爸爸给出最大限度的配合即可。如果希望孩子在游戏中学到一些正确的生活规则、社会规则，也可以在玩的过程中给孩子提出一些建议，供孩子考虑。通常孩子会愿意接受这些建议，因为对他们来说，爸爸用心给出的建议总是很新奇、很吸引他们。

★ 爸爸陪孩子玩的学问

很多爸爸把陪孩子玩看成是一件可以糊弄的事情，总是心猿意马，一边走神想着自己的事情一边陪孩子玩。实际上，孩子一点都不好糊弄，如果爸爸不专注，孩子很快就能察觉。而爸爸不专注的表现，也会影响孩子对游戏的投入，使原本可能达到的游戏效果大打折扣。因此，在陪孩子玩的时候，不妨暂时放下工作和其他杂事，全心全意陪孩子玩一会儿，不仅你会从中得到快乐，孩子也会得到很大的收获。

最好以朋友的身份、平等的态度和孩子一起玩，不要居高临下地指责孩子。如果爸爸不耐烦地说“你真笨”“教不会”，孩子也许以后再也不愿和家长玩这个游戏了。

墨墨从幼儿园回来之后，请爸爸教她玩“萝卜蹲”的游戏。她说幼儿园好多小朋友都会玩，都是爸爸教的。爸爸听了，立刻答应下来，但教了没一会儿，爸爸就失去了耐心，他嫌墨墨不是说错就是蹲错，不耐烦地说道:“这么简单的规则都记不住，只能说明你太笨，学不会。”说完，爸爸就到卧室躺着玩手机去了。墨墨愣在原地，有些失望。

后来，墨墨再也没有提过萝卜蹲这个游戏，在学校的时候，别的小朋友在一起玩，她总是躲在角落里，不敢参与，只在心里想:我去玩一定会出丑，一定会让别人知道我很笨。

出色地完成游戏，得到爸爸的表扬，孩子的信心会因此而大增；相反，在游戏失败的时候还要受到爸爸的奚落，孩子的信心就会被大大打击。因此，爸爸要记住，即使孩子一时学不会游戏，也一定要安慰他、鼓励他，千万不要批评、嘲笑，否则孩子可能永远无法学会这个游戏。

争强好胜、不甘落后是孩子的特点，对于自信心不足的孩子，比赛时爸爸要不露声色地落后一点，以此增加孩子的成就感;对于太好胜的孩子，爸爸要在游戏过程中锻炼孩子对失败、挫折的承受力。在这些不同的对策之下，孩子的缺点会得到一定的弥补。

总之，陪孩子玩游戏是需要一定技巧的，而总的原则就是要让孩子感觉到开心和学到东西。爸爸们在和孩子玩的过程中不断摸索，一定会越来越得其法。

【忙爸爸一分钟教子金句】

爸爸陪孩子玩耍，看似在玩，实则在学。让孩子在玩中学、学中玩的技巧，就是爸爸要懂得结合孩子的年龄特点、身心特点，有针对性地带孩子玩，这样带出来的孩子越玩越聪明。

第五节

游戏益智，棋类游戏不可少

说起适合在家里教孩子玩的游戏，棋类游戏应该是很常见也很重要的一种。棋类游戏在我国源远流长，甚至可以说是中华传统文化的重要组成部分。棋类游戏的种类非常丰富，常见的有跳棋、象棋、围棋、五子棋等。学习棋类游戏对孩子的好处是非常多的。

古人曾有“炼智宜弹棋”的说法。下棋可以锻炼孩子的判断能力。在对局中判断先走哪个再走哪个、哪一方占优、自己这一方有没有危险等，都需要一定的判断力。

另外，下棋对记忆力也是有一定好处的。比如，孩子在下棋的时候不光要记住规则，还会自发地去记忆一些技巧，当他下次看到同样的招数时，就会知道将造成什么样的局面，从而积极去思考对策。时间长了，记忆力必然会得到提升。

下棋其实就是一个通过不断思考来解决眼前困难的过程，在这个过程中，既要让自己不被对手打败，也要让自己不被危险包围。这有利于激发孩子的斗志，也可以让孩子变得更加自信。如此一来，当孩子在生活或学习上遇到困难的时候也会表达自己的见解，想尽办法去解决问题。

下棋能提高孩子的注意力，棋盘上千变万化，常是“一着不慎，满盘皆输”，要战胜对手，必须全神贯注。所以，孩子会在下棋的过程中锻炼出足够的耐心、细心。这对孩子练就沉稳大气的性格是很有益的。

下棋的过程中，孩子会经历很多心理上的变化，比如思索对策时的紧张感、占优势时的兴奋感、获胜时的成就感，当然还有失败时的沮丧感。棋局不断变化所带来的焦虑感等时时冲击他们，要求他们有胜不骄、败不馁，沉着冷静、积极进取的心态。因此，经常下棋的孩子，多半都有较为坚强的心理素质和良好的品质。

下棋的好处如此之多，爸爸可以将它作为家庭游戏的“主力军”。不过，棋类游戏要讲究一定的规则和技巧，爸爸必须针对孩子的年龄和其他因素，有选择地教孩子下棋。

★ 不宜过早教孩子下棋

棋类游戏虽然好处多多，但也并非越早教孩子下棋就越好。孩子太小的话，一是注意力很难长时间集中，二是棋子对太小的孩子有危险，不小心会被吞下去。所以一般孩子六岁左右再开始接触棋类为好。六岁前后正是孩子学习语言的最佳时期，这时他的理解力显著提高，教他下棋，还可以促进孩子与爸爸之间的交流。

★ 遵循从易到难的规则

教孩子学习下棋一定不能心急，要遵循从易到难的原则。比如玩跳棋，爸爸可以先让孩子掌握隔棋子跳的规律，等孩子熟悉后，再教他怎样利用自己或对方的棋子跳着走，尽可能快地到达目的地。

从选择棋的种类上来说，也应该先学会下简单的棋，再教稍复杂的。比如先教孩子学会跳棋之后再教他下象棋。教象棋的话，首先要教会孩子认识“将、象、士、车、马、炮、兵”这几个字，然后玩“吃棋子”的游戏，即双方各出一个棋子，看谁吃得多，谁就赢。和孩子玩游戏的过程中，让孩子了解到各个棋子的作用，即每个棋子所代表的意思，让孩子边玩边学会下棋。

★ 要让孩子对下棋有兴趣

爸爸们都知道，兴趣是最好的老师，要想让孩子学会下棋、学好下棋，最重要的就是要让孩子对棋类感兴趣。让孩子感兴趣的秘诀，就是要让孩子既体会到胜利的快乐，又感觉到下棋过程中的挑战。

让孩子体会到胜利的感觉，这在孩子初学下棋的时候非常重要，否则孩子很容易因受挫而放弃。然而，在初学阶段孩子赢爸爸显然是不太可能的，这时就需要爸爸耍点“小手段”，假装在某一步疏忽了让孩子赢了，并且及时表扬孩子，他立刻就会感觉到自己有能力驾驭棋类游戏，自然会又高兴又有信心。

晗晗是个八岁的小姑娘，她非常喜欢跟爸爸下棋。其中的奥妙，就是这位爸爸很懂得“勾”起晗晗的兴趣。原来，爸爸考虑到晗晗的年龄和下棋能力，总是将自己的下棋水平降低一些，让晗晗时不时能赢一盘。每当晗晗赢了的时候，或者她走出一步非常好的棋的时候，爸爸就做出非常夸张的表情，忙不迭地表扬和赞赏晗晗。晗晗总是被爸爸的表扬逗得哈哈大笑，也因此对下棋更加感兴趣。

要让孩子感觉到下棋对自己有挑战性，其实就是爸爸既要让孩子偶尔能赢，又要让孩子感觉到还有一点难度等着自己去克服、去挑战。如果孩子总是赢，就会觉得下棋太“小儿科”，没什么意思，渐渐也会失去兴趣。所以，在这方面，爸爸把握好一个度是很重要的。

★ 不急于求成，给孩子足够的空间学习

爸爸教孩子学习下棋，有耐心是很重要的，不要以大人的标准来苛刻地对待孩子。孩子有不懂的地方，大人不能说孩子笨，要有耐心地一一解释，经常说孩子笨会让孩子惧怕学习下棋。另外，爸爸还需要注意的是，刚学会下棋的孩子每次玩的时间不要太久，一次半个小时就可以，玩的时间太长孩子会注意力不集中，也容易让孩子对下棋产生厌烦的情绪。

棋类游戏是孩子成长过程中不可缺少的一部分，爸爸能在教孩子下棋的过程中传授给孩子很多知识，还能给孩子的情商加分。不过，爸爸也需要掌握技巧，才能做到既让孩子喜欢下棋，又能在下棋中不断进步。

【忙爸爸一分钟教子金句】

棋类游戏能给孩子一个聪明的头脑、一颗顽强的心灵、一副沉稳的性情。在孩子的成长过程中，每个老爸都有必要和孩子进行一场“对弈”，让孩子学到技术、赚到知识、提高能力、收获好性情。

……第六节…………………

开发智力，小小扑克就可以

扑克是生活中很常见的益智游戏工具，不仅大人们喜欢玩，孩子看到也很想上去摸一摸、玩一玩。不过，很多爸爸可能会觉得让孩子接触扑克并不是一件好事，担心会让孩子染上赌博的恶习。但实际上任何事物都有两面性，玩扑克并不代表赌博，关键在于爸爸如何建立孩子对扑克的看法。

扑克随处可见，爸爸想让孩子完全不接触扑克是不现实的。而且，如果一味阻拦，反而可能让孩子对扑克产生更大的兴趣。当孩子偷偷接触扑克又无人指导时，则更容易受到负面影响。因此，最好的做法就是让孩子正常地接触扑克，并且指导孩子利用扑克来进行适当的娱乐，同时做好教育孩子远离赌博行为的功课。

从另一面看，扑克对孩子的成长也大有益处。比如，在孩子比较小的时候，扑克可以当作认识颜色、记忆数字的工具；当孩子稍微大一些时，爸爸可以教孩子用扑克来比较大小、计算简单的数学题等；孩子更大一些时，可以用扑克来锻炼孩子的推理能力、判断能力、决策能力等。再加上玩扑克对孩子来说是趣味性较高的游戏，因此孩子往往会在快乐的游戏中学到知识。

可见，如果爸爸能正确引导孩子合理利用，那么扑克对孩子来说就是智力开发的工具，而不是赌博的工具。

那么，可以用哪些扑克玩法来开发孩子的智力呢？

★ 记颜色、记数字

孩子较小的时候，爸爸可以用扑克帮助孩子来辨认颜色和数字。比如，可以先教孩子认识红、黑两色的扑克，并不时拿出扑克来考查孩子。记数字的方法也一样。

在帮助孩子记颜色时，还可以在孩子比较熟悉之后，将扑克分成两份，把其中一份给孩子，然后和孩子比赛，看谁能最快地将扑克分成红色和黑色两部分。当然，爸爸可以让孩子先赢两次，以增加孩子的兴趣。

★ 比大小

把牌分成两份，和孩子一人一半，每人出一张牌，谁出的牌大，那这两张牌就归谁，如果一样大就先放在旁边，然后出下一张牌。赢的那位收了这次的“战果”之后，还能将平局时放在一边的牌也收走，最后数数谁手上的牌多，牌多的获胜。当然，也可以反过来比谁小，以训练孩子的逆向思维。在这个过程中不仅可以教会孩子认识数字，还能让孩子明白数字之间的大小概念。

在这个玩法中，爸爸还是应多让孩子来判断大小，这样可以反复训练孩子比较大小的能力。

★ 换牌和速记牌

换牌和速记牌都能锻炼孩子的注意力，让孩子的精神高度集中，另外，速记牌还能锻炼孩子的记忆力。

换牌的玩法：爸爸取 3 张牌，把 1 张比较有特点的牌，比如大王放在其中，让孩子记住大王的位置，然后开始不断变化牌的位置，最后让孩子猜出大王的位置。速度由慢而快，变化的次数由少到多，牌数也可以增加，这样可以锻炼孩子的注意力和快速反应的能力。当孩子猜对的时候，爸爸一定要给出表扬。如果孩子每次都能猜对，或许说明爸爸的速度有些慢，这种判断对孩子来说过于简单，这时爸爸要加快速度，或者增加难度，比如牌的数量。假如孩子总是猜错，或者猜得很费力，则可能说明爸爸的速度有些快，这时爸爸就要减慢速度。注意，千万不要笑孩子笨，否则很容易打击孩子的积极性。

速记牌的玩法：随意取几张牌，给孩子看后，倒扣过来，让他说出刚才看到的牌是什么。如果孩子第一次玩这个游戏，爸爸可以先从一张牌开始，然后根据他的能力，逐渐由少到多，给他看的时间也慢慢减少。这个游戏的趣味性较小，同时也有一定的难度，年龄较小的孩子可能坚持不了多久，当孩子厌倦时则可以换别的游戏来玩。通过不断地重复，增加孩子玩这种游戏的兴趣。速记牌是锻炼孩子记忆力的一个非常有效的训练方法。如果你的孩子能够一次性记住 5 ～ 7 张牌，那说明他的记忆力已经相当不错了。

★ 计算简单的加减法

传统的扑克牌玩法有一个“算 24 点”，就是任意取出 4 张牌，把上面的数字用加减乘除等方法计算，使得这些数字计算出来的最后结果刚好为 24，算得又快又好的为胜利者。这是一种标准的智力游戏。

当然，可以根据孩子的年龄和能力对这个游戏做出适当调整。比如，把游戏改为比较简单的加减法。方法是每人出 1 张牌，让孩子计算 2 张牌加起来的数字，一开始可以先让他数纸牌当中的图形个数，算对了牌就归他，算错了就归爸爸。当孩子比较熟练之后，就锻炼他不看图形报出 2 个数相加的答案。爸爸可以从 10 以内的加减法开始，接着升级到 15 以内的加减法，再到 20 以内的加减法。

当然，上述都是拿扑克当作标有颜色、数字的卡片来使用的游戏，并没有真正接触到扑克的一般玩法。当孩子稍大一些后，爸爸也可以教孩子一些扑克的一般打法，如斗地主、升级等。只要爸爸能够教孩子正确看待扑克，那么即使教孩子学会玩扑克，他得到的也是玩扑克的快乐和益处。

【忙爸爸一分钟教子金句】

54张薄薄的、带有颜色和数字的扑克牌卡片，其实能变幻出无数种有趣的玩法，对开发孩子的智力大有好处。等到成年后，扑克作为消遣和娱乐的功能也会让生活增加一分乐趣。打着保护孩子的旗号把孩子与扑克隔绝起来的做法，并不值得提倡。

……第七节…………………

游戏协调手脑，别拒绝孩子手里的积木

积木是每个孩子成长过程中必不可少的玩具。在这一搭、一建的过程中，孩子的动手能力会得到极大的提升。很多爸爸都愿意给孩子买积木作为玩具。实际上，积木不仅能锻炼孩子的动手能力，还有很多其他的好处。

搭积木是一个手、眼、脑并用的过程，孩子通过积木的拼装搭建，锻炼手部的动作协调能力，其智力也能得到相应的提高和发展。另外，积木的拼搭是项细致工作，一幢楼房需要几十块积木才能搭成，因而要求孩子认真、细心、坚定地去完成。这样，孩子的协调能力就会更上一层楼。

据科学研究表明，孩子最初的记忆往往都是他们对事物的第一印象，而且事物的声音、味道、形状、颜色等都是孩子对外界的感知。孩子对感官刺激的学习比较敏感，爸爸可以利用积木玩具来引导孩子学习。例如，想让孩子认识自然界的各种动植物，就可以搭建一个模型或拿图片给孩子看，这样在孩子心里就会有事物的具体印象，下次再见到就会很容易认出来。

孩子往往有非常丰富的想象力，也有一定的发散思维。如果能够利用积木在这个阶段培养孩子，可以极大地促进孩子的创造力及设计能力。如在搭建积木的过程中遇到很多空间转换的问题，要想解决就需要动脑思考，这就在无形中提升了孩子的想象力和思维力。

很多爸爸也许会想：既然积木对孩子有很多好处，那么自己多让孩子玩不就可以了？其实，爸爸要做的不仅是让孩子玩积木，还要多抽时间陪孩子玩。对孩子来说，如果能有爸爸的陪同和指导，他将在这个过程中学到数倍于独自玩所获得的知识，智力也将得到更大程度的开发。这是因为，爸爸对积木有更"成熟"的认识，积木在成人眼中并不只是能搭在一起的木块，它有颜色、形状、大

小之分。所以，爸爸有意识地指导孩子，就能让孩子从中学到更多的知识。

那么，爸爸可以通过积木给孩子传授哪些知识呢？这需要根据孩子的不同年龄来决定。

★ 1 ~ 2 岁孩子以认识颜色、形状和比较大小为主

1 ~ 2 岁的孩子年龄较小，对事物的认识非常有限，因此只要让孩子对积木有大概的认识就可以了，不必要求他必须完成搭积木的任务。

首先，可以教孩子认识积木的形状、颜色。让孩子通过视觉或触觉了解物体的形态特征，如让孩子看一看、摸一摸三角形的边和角，从而知道三角形有三条边、三个角等。

当孩子对积木的形状和颜色较为熟悉后，可以通过以下方法锻炼孩子的应用能力：让孩子辨别不同形状的积木；让孩子按爸爸的指示取积木，如帮爸爸取来三角形的积木搭房顶等；给积木分类，把同样形状的积木放在一起，并用语言说出每个积木的形状。

其次，还可以让孩子辨别积木的大小。孩子会比较大小后，可以让他给积木排队：如按大小顺序给方块积木排队，按粗细顺序给圆柱积木排队等。孩子经过这样的练习，对积木会有更清晰的认识。

另外，爸爸还能用积木训练孩子的某一感官，比如让孩子摸积木来训练触摸识物的能力：将积木放在箱子里，让孩子将手伸进箱子，按指示摸积木，如摸一块长方体的积木；通过触觉辨别几何形体的不同特征。

当孩子对以上游戏都比较熟悉的时候，爸爸可以试着带孩子朝下一个阶段——搭积木迈进：爸爸可以先搭积木给孩子看，然后启发和帮助孩子用积木来搭个高楼或火车。当然，这时孩子年龄较小，爸爸可以把搭积木当作“加分题”，让孩子尝试即可，不要强制他搭成什么。

★ 3 ~ 4 岁的孩子要能把积木搭得稳

在指导3 ~ 4岁的孩子玩积木时，一方面要教孩子搭积木的基本方法，要让孩子能够搭成一个作品；另一方面还要增加难度，如指导孩子怎样保持搭建物的稳定，怎样把不同形状的积木搭配使用等。孩子在玩积木的过程中不停地研究布局、结构，有利于他们掌握物体形状，辨别空间方位，把握二维和三维空间及其转换。这对孩子“空间智慧”的发展非常有好处。

另外，爸爸还可以进一步增加难度：自己不插手，让孩子按照已有的图样搭积木。这不但能锻炼孩子的自主能力，而且还能培养孩子的观察力。

★ 5 ~ 6 岁孩子搭积木要融入想象

5 ~ 6岁的孩子已经能把积木玩得比较熟练了。这时，应该进一步指导孩子在搭积木的过程中融入自己的想法。可以引导孩子发挥想象，按照自己的愿望搭建作品。孩子搭建成功后，不论这个作品如何，爸爸都应给予肯定和鼓励，以培养孩子做事的目的性和创造性。

在这一阶段，还可以教孩子数积木、记录积木。在孩子用积木搭好一样物体后，可以让他们计算每个形体的积木用了多少块，还可以要求他们用纸笔记录下来，这样既可以辨别形体，又可以进行点数活动和练习写字。

由此可见，积木的玩法有很多种，能带给孩子的好处也不可小觑。但前提是，爸爸必须多抽时间和孩子一起玩，才能将积木的优势发挥到最大。

【忙爸爸一分钟教子金句】

积木是孩子最喜欢的玩具之一，也是爸爸教育孩子的重要教具，它有利于促进孩子身心的全面发展。这种“玩中学”的方式对孩子是最有效的，如果孩子缺乏玩积木的经验，将是很大的遗憾。

……第八节…………………

电子游戏，每天10分钟就可以

每个孩子都有权拥有快乐的童年，在玩耍中，孩子会收获颇多。但是，如果孩子长时间沉迷电子游戏，就不是一件好事了。爸爸们都知道，电子游戏的危害有很多：久坐容易导致身体歪斜，电子产品有较大辐射，长期盯着荧幕有损视力，虚幻的电子游戏还容易让孩子沉迷其中……

不过，虽然电子游戏害处多多，但也并非一无是处。比如，电子游戏能够锻炼孩子的观察能力、反应能力，锻炼大脑和手臂的反应速度；电子游戏、网络游戏是现代社会的一大组成部分，孩子有必要在这样的娱乐过程中加深对电子产品的了解。所以，孩子适当接触一些网络游戏、电子游戏，也并非全无益处。当然，这需要爸爸加以监督，严格控制孩子玩游戏的时间，让孩子在电子游戏中受益的同时，减少其可能对孩子产生的伤害。

★ 选择适合孩子的游戏软件

孩子玩什么游戏、怎么玩，爸爸要适度监督。市面上流行的游戏软件品种繁多，令人眼花缭乱。爸爸要选择适宜孩子的游戏软件，最好是专门为孩子制作的游戏教学软件，如智力游戏、拼图游戏、看图识字游戏、外语学习游戏等。可以让孩子适量地玩一些简单、健康的单机游戏，不要玩网络游戏；可以在家里适度地玩一玩，不要进街边的网吧、电子游戏室。

另外，如果希望孩子适度接触电脑，学习电脑的基本知识，那么就要在旁边给孩子指导，不要放任孩子自己使用，否则在无人看管的情况下，孩子可能会沉迷于电脑游戏之中。

★ 关注孩子的身体健康

长期接触电脑游戏，对孩子可能造成的伤害并不只是心理上的，身体上的伤害也不容忽视。从孩子开始接触电脑游戏的那一刻起，爸爸就应该关注孩子骨骼、眼睛等方面的健康，使孩子免受电子游戏之害。

如果孩子长时间对着不停闪烁的荧屏，很容易造成眼睛疲劳甚至近视等各种眼疾，而天真好玩的孩子往往会对电脑产生浓厚的兴趣，玩起游戏就忘了写作业、吃饭和睡觉，影响身体健康和生活作息。这就需要爸爸在旁督促和指点。通常情况下，应该让孩子先完成学习任务，再适当使用电脑。不要让电脑占据孩子过多的休闲时间，也不要让孩子疏于读书、运动、交友和文艺活动。

要选择适合孩子身高的电脑座椅，让孩子保持姿势端正，眼睛距离荧屏 50 厘米左右，视线能够与荧屏中心平行。另外为了减少荧屏光线的强烈刺激，电脑的光线不能太亮或太暗，对比度要适中，夜晚可以打开 20 瓦的白炽灯，使室内亮度与屏幕度相适合。

电脑会产生有害的放射性物质，使用完电脑之后，要敦促孩子洗脸。另外还要注意室内开窗通风，不让电脑屏幕背对着有人的地方，还可在电脑附近放置仙人掌。常玩电脑的孩子，平时多让他吃含维生素 A 和蛋白质的食品，如橘子、胡萝卜、鸡蛋、菠菜、西红柿、黄瓜、香蕉、苹果、动物肝脏、瘦肉、骨头汤等。只要做好相关知识的讲解，并告诉孩子怎样做能避免电脑对健康带来的伤害，孩子通常都会比较配合。

★ 爸爸多陪伴，不让电脑当“保姆”

辰辰今年 7 岁，已经上一年级了。但让爸爸担心的是，辰辰的心思很少放在学习上，回到家后总是一头扎在电脑前，没完没了地玩网络游戏。爸爸明令禁止辰辰长时间玩游戏，但总是没什么效果，辰辰这个行为好像早就成了一个陈年习惯，很难改掉。这天，爸爸让辰辰先写作业再玩游戏，谁知还不到5分钟，辰辰又把作业丢到一边，跑去玩游戏了。爸爸一气之下训斥了辰辰一番，辰辰很不服气："你们大人总是说一套、做一套。以前我让你跟我玩、陪我看书，你总是嫌烦，打开电脑让我自己玩。那时可以，为什么我现在就不可以玩了呢？"爸爸顿时被辰辰问得哑口无言。

网络游戏作为当今游戏市场的主要组成部分，之所以让很多孩子沉溺其中无法自拔，一部分原因是孩子缺少大人的陪伴，加上自身缺乏一定的自控能力，所以常常会沉迷于网络游戏。很多爸爸工作繁忙，无暇关心孩子，经常在忙碌一天之后，回到家里图省事，把孩子放在电脑前，给他们开一个动画片、找一个小游戏，把电脑当成孩子的"临时保姆"……这些做法都会间接导致孩子依赖电脑。因此，爸爸要合理为孩子安排时间，多让孩子做一些有意义的事情，多陪伴孩子，不要因一时的方便使孩子沉迷于电脑。

有些爸爸认为电子游戏负面作用大，一点也不让孩子碰，其实这也是不合理的。孩子接触不到现在的一些电子产品，或者接触电脑太晚，在同龄人之中对现代科技懂得少，也不利于身心健康的发展。正确看待电子游戏，让孩子适当接触，但不过度沉迷，这就是爸爸应该掌握好的尺度。

【忙爸爸一分钟教子金句】

人们曾经说网络是一把双刃剑，其实网络游戏、电子游戏也是如此。要想让它在孩子身上多发挥有益作用，就要记住多和孩子沟通，倾听孩子的想法，不要一听到"游戏"就"一竿子打翻"。这样，才有可能最大限度地让孩子受益。

……第九节……

休闲时刻长见识，读书阅报看电视

如果说平时的玩耍可以开发孩子的智力、锻炼孩子的能力，那么读书、看报、看电视等活动，就给了孩子增长见识的机会。玩耍的机会固不可少，孩子读书、看报、看电视的时间也绝对不能被其他事情所替代。

读书、看报、看电视，能带给孩子不同的阅读和观赏体验，为孩子增加不同层面的见识。并且，有爸爸共同参与的阅读和观看，更能提高孩子的阅读和观赏效率。因此，爸爸不但要给孩子安排好时间来读书、看报、看电视，更要陪孩子一起进行这些活动。

★ 爸爸再忙也要陪孩子看书

"书籍是人类进步的阶梯"，多读书对孩子有多重要，想必每个爸爸都很清楚——读书能让孩子接收大量的知识和信息，陶冶孩子的性情、滋养孩子的心灵、丰富孩子的精神世界。可以说，每个人的不断成长和自我完善，都离不开书籍。而在孩子小的时候，爸爸有指导性地带孩子阅读，则能让书籍的优势发挥到最大。可见，爸爸不管有多忙，也要抽出一些固定的时间来陪孩子读读书。

首先，爸爸要做好表率，先让自己养成阅读的习惯，然后再去影响和要求孩子。榜样的力量是无穷的，当孩子看到爸爸沉醉于书中时，他一定也会带着好奇心去探索书的海洋。这时，爸爸就可以和孩子形成一个读书联盟，抓紧一切空闲时间一起享受阅读的乐趣。

其次，爸爸要努力帮助孩子培养阅读的兴趣。兴趣是最好的老师，培养孩子的阅读习惯，从根本上讲就是要激发孩子读书的兴趣，要把“让我读”变成“我要读”。

培养孩子的兴趣，第一，爸爸要尊重孩子，让孩子自己选择订阅一些学习资料和课外杂志；还可经常带孩子到书店，让孩子选择和购买自己喜爱的书。第二，爸爸要鼓励孩子，孩子在读书方面哪怕有了点滴进步，都要通过各种方式予以鼓励。坚持这样做，孩子的兴趣很快就会被调动起来。这时，可以让孩子慢慢尝试扩大阅读范围，体验阅读的乐趣。

再次，爸爸还要帮助孩子培养读书的能力。阅读能力的培养非常重要，如果孩子只是走马观花地看书，读书的效果就会大打折扣。这时，爸爸可以通过让孩子介绍看过的书的内容，促使孩子把看过的书再拿出来看。另外，如果孩子在阅读的过程中遇到困难，爸爸一定要有耐心地加以引导，比如给孩子讲解不懂的地方，或者指导孩子查阅工具书。

★ 看报纸并非大人的专利

很多爸爸觉得小孩子不必看报纸，也看不懂报纸，如果需要孩子了解一点时事，看电视就可以了。但实际上，看报纸并非大人的专利，孩子也有充分的理由去阅读报纸。报纸主要以文字配图的形式报道新闻事件，虽不及电视快捷、生动，但这决定了报纸适合做长篇、比较深入的新闻报道。与短短的电视新闻相比，这更能引发孩子的思考。除此之外，电视新闻报道容易消逝，想查看几天前的电视新闻颇为麻烦，而报纸可存放很久。因此从电视与报纸两种媒体报道新闻的特点来看，报纸更利于培养孩子的阅读与思考能力，进而也可在此基础上，提高孩子们的演讲能力。很多爸爸不鼓励孩子看报纸，实际是在无形中剥夺了孩子快速获取知识、锻炼思考能力的机会。

孩子看报纸的好处非常多，这使得有些国家的学校规定必须将阅读报纸作为孩子的一个学习环节。

日本的很多学校要求小学生看报纸，收集新闻专题报道，对新闻信息进行分类整理。在稍高的年级中，还要求学生分组讨论各个不同的新闻话题，如环保、老年人福利等社会热点。日本重视小学生读报的另外一个好处，就是为日本报业培养了无数的潜在忠诚读者。这也是当今很多报纸停办的情况下，日本报业却很繁荣的原因。当然，报业的不衰落也促成了日本人不断从报纸中吸取知识和力量的优势。

当然，爸爸让孩子看报纸，也要结合孩子的年龄。如果孩子还不识字，爸爸可以挑选一些孩子能够理解的内容读给他听；如果孩子已经认识了一些简单的字，爸爸则可以选择一些少儿报纸或者内容简单的报纸让孩子来看，孩子不懂的地方要加以指导；当孩子已经有能力独立读报纸时，爸爸可以给孩子布置一些任务，以督促孩子更有目的、更高效地看报。比如，爸爸可以要求孩子看某份报纸，找出热点新闻，然后针对热点新闻发表意见，甚至可以和他进行辩论；另外也可以让孩子针对某个新闻热点把自己的想法写出来，这同时也是锻炼孩子的写作能力。

★ 有选择、有限制地让孩子看电视

电视节目以其图像、声音的直观可感性，节目内容的形象生动性以及较强的娱乐性等优势为孩子所喜爱，爸爸应鼓励、支持孩子看一些健康有益、能开发智力、启迪思维、增长知识的电视节目。如果家长能和孩子一起观看，边看边讲解，效果会更好。

不过，有一项调查却发现，有一半以上的爸爸表示不会陪孩子一起看电视，放任孩子自由选择电视节目；而一些爸爸虽然和孩子一起看电视，却容易出现“自己看什么孩子就跟着看什么”的现象；另外还有一部分爸爸把电视机作为哄孩子的“电子保姆”，他们打开电视机，任由孩子乱看一气——这是一种不负

责任的态度。

最佳的做法，就是爸爸陪伴孩子一起有选择、有限制地看电视。有选择是指爸爸要帮助孩子挑选一些适宜的节目，多让孩子看一些益智节目，或者能增长见识的节目，比如《动物世界》《科学揭秘》等；适量看一些娱乐性的动画片。有限制，则是说爸爸要在陪伴的情况下，让孩子每天在固定的时间看电视，且看电视的时间不宜过长，最好不要超过 1 小时。而且，爸爸如果能在一旁给孩子讲解他不懂的地方则是最好的。

【忙爸爸一分钟教子金句】

书籍、报纸、电视是孩子获得知识和信息的最方便的来源之一，但在孩子还没有学会正确选择读物和节目之前，爸爸一定要经常给予孩子正确的指导，让孩子健康、愉快、高效地阅读和观看。

……第十节…………………

亲子时刻别偷懒，常带孩子户外游

现在，越来越多的家庭注重亲子户外游了。和孩子走过江南水乡，走进沙漠，去到千里冰封、万里雪飘的北国；和孩子们做游戏、捉泥鳅、钓鱼、坐筏子、堆雪人、堆沙丘等。在游历大好河山的同时，孩子们不但感受到了大自然的奇妙和美好，还因为和爸爸一同出游而加深了亲子感情、增长了见识、学会了如何与人相处……每段旅程给孩子留下的都不只是欢乐的记忆，还极大地促进了孩子的成长。

如果孩子总是在室内闷着，不仅对孩子的身体无益，也会让孩子的性格变得越来越娇气、内向和任性。而经常在户外玩耍的孩子，能在性情、健康和智力方面收获很多好处。

室外活动能够让孩子沐浴在阳光下，呼吸新鲜的空气，感受清风的吹拂，这都会增强孩子的体魄。相比那些总被保护在温室中、经不起风吹雨打的孩子来说，经常在室外活动的孩子抵抗力更强，更不容易感冒，也很少患其他疾病。

总是待在家的孩子，看不到外面广阔的世界，时间久了难免变得内向甚至抑郁。而经常到室外活动的孩子，心灵能够在更广阔的地方翱翔，身心能够得到充分的放松，他们的个性当然也会更加开朗和豁达，看待事物也更加乐观和轻松。

外面的世界包括大自然和社会，这两者蕴含的知识量都是非常庞大的。因此，经常到户外活动的孩子，他的见识会得到非常快速的提升。

在户外活动的孩子能够接触到更多的人，交到更多的朋友。在和他人互动的过程中，孩子不仅会收获友情，还会学会如何与他人相处，如何互相体谅，从而使人际交往能力得到提高。

户外活动好处多多，那么爸爸可以带孩子进行哪些户外活动呢？

★ 周末带孩子郊游

辛苦地工作一周之后，周末带着孩子到郊外玩一玩，是爸爸和孩子进行户外活动的不错选择，也是增进彼此感情的好机会。

周末出游，爸爸可以选择一些平时不易接触到的地方，比如带孩子去周边郊县赏花、爬山；带孩子到空旷的地方放风筝；去河边或海边捡贝壳、抓螃蟹；果实成熟的时候，还能带孩子到郊区的果园去摘果子，接触农活；白雪皑皑的冬天，到郊外陪孩子打雪仗、堆雪人、滑雪，都是非常好的活动。

周末带孩子出去玩，如果路途不是很远，可以用骑单车的方式代替开车出行。既能呼吸新鲜的空气，同时也让孩子在开阔的视野中尽情赏景，这种惬意是坐在汽车里体会不到的。

★ 长假里带孩子放飞心灵

爸爸在每年的长假里带孩子远途旅行一两次是非常必要的。有句话叫："读万卷书，不如行万里路。"孩子长期在一个四方的格子间里学习，如果能在假期安排一场远途的游玩，对孩子来说既是休息和调整，又是一个见识外面世界的绝佳机会，当然也是亲子交流的契机。

带孩子去的地方不一定是全国著名的景点，吃住也不一定要求奢华，而一定要注重它的丰富性和教育性。爸爸可以带孩子去农村，让孩子感受农家生活；也可以带孩子去领略大好河山；还可以带孩子去草原骑马、去沙漠扎营。每个地方都会让孩子见识到不同的东西，让孩子的心灵受到不同的洗礼。这比让孩子住五星级大酒店、吃豪华大餐要有意义得多。

★ 小空闲也能带孩子接触大自然

有教育专家指出，孩子每天都应该接触户外。这就是告诉爸爸们，每天都要安排一定的时间带孩子到外边走一走。哪怕孩子只是蹲在树下看蚂蚁搬家、躺在草地上看白云飘飘、雨天到外面淋雨、雪天到外面打雪仗，爸爸也一定要适当满足他。没有哪一种玩，比在大自然中玩更能让孩子长见识。孩子与大自然的交融是最奇妙的沟通，大自然不仅呈现给孩子一幅斑斓的画面，还能丰富孩子心灵的感受，这些是在室内玩人造玩具远远比不上的。

再者，当孩子稍微大一些时，爸爸还可以每天和孩子一起到户外进行运动，比如慢跑、踢球、打羽毛球等。每天固定运动一段时间，不仅能让孩子接触户外，还能让孩子的身体强健、意志力增强。而身体健康、心情愉悦又能激发孩子学习知识和探索事物的热情，形成良性循环后，孩子自然会变得越来越优秀。

无论是哪种形式的户外游玩，爸爸都应该尽量做到两点：一是尽量听从孩子的“指挥”，倾听孩子的心声，玩什么、怎么玩，都应充分尊重孩子的意见，这样不但可以让孩子更有主见，还能增强孩子的自信心；二是陪伴孩子的姿态要放低一些，不要以长辈的身份来看管、监督孩子，而是蹲下来和孩子一起玩，你会发现这样才能很快融入孩子的童真世界里，和他共享快乐。。

【忙爸爸一分钟教子金句】

孩子的小小心灵非常渴望自由，他的心中也有一份与生俱来的对大自然的热爱。如果孩子能经常在户外玩耍，那么孩子的精神世界就会更加丰富，心灵也会更加愉悦。

第七章 授技能

种植智慧，远胜于给孩子留下财富

每个爸爸都希望自己的孩子有个优质的人生。而实现这一愿望最靠谱的方法，是赋予孩子一个聪明的头脑，一种富有创造性的学习力，让孩子亲手打造属于自己的精彩人生。哈佛博士、韩国著名的学习研究专家李昌烈曾说："真正决定孩子未来几十年的，是孩子的学习力。而这些学习力，又构成了孩子立足社会所不可缺少的竞争力。"学习力，不单是指孩子的学习成绩、学习效果，更重要的是指孩子学习的能力。也就是说，爸爸帮助孩子培养学习的能力，比给他留下任何财富都重要。

……第一节…………………

培养兴趣，热情完胜被动学习

爸爸们都知道，让孩子迈向成功的第一步，首先就是要有学习的意识和能力。在上学阶段，孩子必须要有学习的欲望，这样当孩子长大时，学习才能成为一种习惯。而有了学习的习惯，孩子将来无论从事什么职业，都比较容易站稳脚跟、取得成就。

然而，现实情况却是，很多爸爸一提起孩子的学习就头疼，一方面为孩子不爱学的状况而发愁；另一方面又觉得自己非常忙碌，没时间总督促孩子学习，这也是自己失职的一面。于是，爸爸在回家之后，逮住孩子就苦口婆心地教育他要好好学习。效果呢？往往一点都不理想，孩子甚至比以前更厌学了。

其实，孩子不爱学习的最大原因，往往就是对学习没兴趣，同时又在外界的长期逼迫之下产生了抗拒的心理。而爸爸要改变孩子不爱学习的现状，最好的办法不是只在口头上催促，而是让孩子对学习真正产生兴趣。

著名心理学家皮亚杰说："强迫工作是违反心理学原则的，而且一切有成效的活动，都必须以某种兴趣为先决条件。"

童话大王郑渊洁也说过："不要在孩子不感兴趣、还没有能力理解的时候，让他做任何不感兴趣的事情。"

毕加索的父亲很早就发现儿子的兴趣是绘画，于是，他鼓励儿子走这条路，并一直不断给儿子打气，使得他坚信自己的绘画才能。最终，他成了著名的画家。

种种事实都已经表明，兴趣是最好的老师。当孩子对学习产生兴趣时，不需要别人的催促，孩子就能主动地去学，并且有耐心地去钻研、去琢磨。而当孩子没兴趣时，就是有十头牛拉着，孩子也不一定能学得进去。

那么，如何激发孩子对学习的兴趣，消除孩子的厌学情绪呢？以下有几种不错的方法。

★ 转变学习形式，让孩子感兴趣

孩子不喜欢学习，多半是因为觉得学习是一件枯燥无味的事，他们从中感觉不到任何乐趣。这时，爸爸可以为孩子创设一些有趣的学习情境，设计一些游戏，以此激发孩子的兴趣。

小美讨厌学英语，英语成绩很差，为此爸爸想了很多办法改善，但效果都不理想。一次，爸爸带着小美去超市买画笔，正巧超市在播放一首英文歌。小美立刻来了兴致，跟着曲调哼了起来。爸爸突然灵机一动：为什么不用这种方式让小美喜欢上英语呢？于是，爸爸在挑选完画笔之后，又在小美的建议下买了两张欧美流行专辑。回家之后，小美迫不及待地听了起来。过了一会儿，爸爸去叫小美吃饭，发现她竟然在翻英文词典。爸爸故意问小美在查什么，小美回答："我想知道这些歌词是什么意思。"

一个学期之后，小美的英语成绩提高了一个层次。爸爸笑问小美原因，小美回答："我以前讨厌英文，觉得特别枯燥、难懂。后来我通过听歌了解了一些英文的意思，发现它们也是很奇妙、很值得了解的。于是我上课的时候就认真听讲了呗……"

让孩子对讨厌的学科产生兴趣，最好的方法就是将这一学科与游戏联系起来，寓教于乐。除了案例中所说的方法之外，爸爸还可以给孩子买一些简单的英语故事书，每天晚上讲给孩子听，顺便将一些好玩的单词、有趣的西方文化一并讲给孩子听，相信几次下来孩子也会逐渐对英语产生兴趣；如果孩子对语文没兴趣，那么爸爸可以经常设计一些小游戏，比如成语接龙、讲故事、造句比赛等，提高孩子对语文的兴趣；另外，如果孩子讨厌学数学，爸爸不妨多和孩子进行一些算数竞赛，想一些有趣的题目来达到做算术题的目的。

★ 环境刺激，激发孩子的学习欲望

如果孩子厌烦了枯燥的书本和课堂，爸爸可以多带孩子到博物馆、展厅去参观，或者带孩子参加一些社会活动、外出旅游，让孩子在课外活动中放松心情，体验学习知识的乐趣。

堂堂上了初中之后，学习科目一下子增加了很多，其他的科目学得还算不错，唯独地理很差劲。爸爸跟堂堂谈了几次话，效果也不太理想——他每次都说："地理都是些没劲的死知识，无聊极了。"爸爸知道，如果强制堂堂去背地理知识不一定能起到好效果，他决定用别的方法来激发堂堂对地理的兴趣。

这一年的暑假，爸爸带着堂堂到三亚玩了一圈。平时在北方地区待惯了的堂堂一到这里就惊呆了：到处都是椰子树，气候湿润极了，温度也比北京高很多。堂堂每到一处都非常惊讶和兴奋，他总是问爸爸这里为什么跟北京不一样。爸爸也总是笑着回答："因为这里的地理条件跟我们那里完全不同。地理的用处就在于，不管你将来走到世界的哪个角落，你都会非常清楚为什么那里的环境会呈现出那样一个状态。我建议你记好你现在的问题，等你回北京之后查课本，你一定会得到答案。"

堂堂回到北京之后，花了一周的时间，把三亚的地理环境深入地了解了一遍。他很骄傲地对爸爸说："我明白为什么三亚会有那样的美景、那样湿润的气候了。这种'无所不知'的感觉真是太好了。以后假如您带我去别的地方玩，我还要提前查清楚那里的地理知识。"爸爸笑着说："你先试着去了解中国地理、世界地理，当你发现自己对哪个地方特别感兴趣的时候，爸爸再带你去。"

兴趣是支持一个人不断学习的原动力，没有兴趣，一切学习都只能是"填鸭式"，难以取得预期的效果。所以，爸爸与其口头上催促孩子去学，不如将重点放在培养孩子的学习兴趣上。

【忙爸爸一分钟教子金句】

兴趣是最好的老师。一些科学界、技术领域的知名人士，他们的成功都少不了兴趣的支持。没有兴趣的学习永远是被动的学习，有兴趣驱使的学习才是高效的、深入的，才可能创造智慧火花。

……第二节……………………

建立学习动机，主动学习效率更高

天下所有的爸爸都希望孩子学习好，至少也应该是“爱学习”。但现实情况是，一些孩子并不喜欢学习，这除了缺乏兴趣外，还有一个很重要的原因，那就是孩子没有一个好好学习的动机。

从孩子的角度来说，他们尚未亲身体会到社会竞争有多么激烈，他们很难真正地理解为什么要学习、学习有什么用。他们或许从爸爸那里听了很多“不学习将来要卖苦力、过苦日子”的话，但他们显然无法“吃透”这句话，只不过一时被爸爸“吓得”好好学习而已。然而，这并不是真正的学习动机，一段时间之后，孩子的学习热情照样会消散。当孩子没有自已的学习目标时，他就无法自主地投入学习。由此可见，爸爸与其去督促孩子学习，其实不如把力气花在帮助孩子建立学习动机上。

★ 引导孩子树立理想和目标

每个人都有自己的理想，孩子也不例外。我们经常看到以下类似的情景：孩子戴着一个纸片叠成的帽子，憧憬地说自己将来要当一个白衣天使；孩子拿着一支玩具枪，还模仿着敬礼的姿势，兴致高昂地说将来要当一名保护人民的警察；孩子摆弄着水杯和吸管，认真地说将来想当一名科学家……孩子这些天真又美丽的理想，其实就是学习的动机。然而很多爸爸觉得这只是孩子一时无聊的小游戏和胡思乱想，很快就抛之脑后了。实际上，如果爸爸能够抓住这个机会，对孩子说：“如果你现在努力学习，将来成功考入相应专业，你就能做一名优秀的护士（警察、科学家等）。”那么孩子或许就会从此发奋读书——很多名人小时候正是受到了这样的引导和鼓励，才懂得不断努力，在多年后实现了自己伟大的梦想。

当然，单单鼓励孩子还是不够的。少数非常有毅力的孩子或许会因此而发奋学习，但大部分孩子都会觉得理想太遥远了，自己现在多做一道题、多读一本书似乎没有任何帮助，于是干脆不去学习。这时，如果爸爸能及时帮助孩子把理想分解成很多个小目标，让孩子能够看到通向成功的一个个台阶，那么孩子学习的动力就会有效地被调动起来。

一个人的目标，如果是近期的、容易实现的目标，将是他努力的直接动力。一位著名的心理学家曾指出人的积极性不仅来源于他所要实现的目标的价值，更取决于实现目标的概率。”也就是说，认为一件事情完成的概率越大，人们的积极性就越高。

基于这点考虑，爸爸可以帮孩子建立一些较容易实现的目标，以此帮助孩子改善学习的态度。比如，爸爸应该首先明确地告诉孩子，无论以后想要从事什么职业，都应该有扎实的知识和专业技能做基础。因此，好好学习是必要的一个环节。如果现在孩子的成绩不出色甚至很差，爸爸不要急着给孩子定“前三名”的目标，而是要给他一个非常低的“门槛儿”，哪怕只是提高 5 分、10 分，接着再让孩子朝着及格、中等、优秀的台阶一步步迈进。对许多孩子来说，前三名的目标或许遥不可及，但 5 分的目标几乎可以被每个孩子接受。爸爸站在较高的角度为孩子一步步分解目标，给孩子一个实际可行的小目标，孩子就能在目标的指导下步步前进，自主、努力地去学习。

另外，在制定目标的时候，爸爸也可以让孩子参与进来，让他根据自身的能力为自己量身打造一个目标，让孩子有更多的决定权，这样他的积极性也会更大一些。如果孩子的目标没有达到，爸爸也不要失望，更不要责怪孩子，要时刻保护孩子的自信心，他才有奋发向上、走出低谷的可能。

★ 通过改变环境激发孩子学习的动力

> 湖南卫视有一档节目叫《变形计》，主要内容是让一些反差巨大的人物互换角色，比如生在城市、家庭条件优越、蛮横娇惯、不学无术的“公子哥”，与偏僻山村中渴望求学但条件极差的孩子来交换环境生活7天，互相体会对方的生活。7天之后，常常会发生令人意想不到的结果：原本爱花钱、自私、蛮横的城市小公子，在反差巨大的环境中会体会到生活的真实，以及自家富裕生活的可贵。在回家后，他们的态度往往会发生巨大的变化，开始懂得把握学习的机会，懂得珍惜来之不易的生活。

虽然爸爸们很难效仿这档节目的做法，但还是有一些类似的办法可以改变孩子不爱学习的态度。比如，孩子放假的时候，带他到偏僻的农村去走走，感受一下乡村生活的不易；或者让孩子看看那些在简陋的校舍中努力求学的贫困儿童；甚至可以给孩子讲一些自己儿时的“苦难史”。总之，爸爸要让孩子明白这样一个道理：如今衣食无忧，并不代表自己不需要努力。将来的美好人生，一定是今天的辛苦付出换来的。

总之，激发孩子学习的动机，就等于启动孩子学习的内在驱动力。在这股力量的支配下，孩子会自发地努力向前，而不需要爸爸反复催促。当孩子有这种学习的愿望时，他征服学习难题的欲望和能力也会强大许多，孩子学好也就不是什么难事了。

【忙爸爸一分钟教子金句】

学习说到底是孩子自己的事情，如果他不是发自内心、心甘情愿地努力，学习的效果自然不会好。爸爸帮助孩子找到学习的动机，就相当于启动了他体内的“学习发条”，孩子不需要别人催促，照样能学好。

第三节

呵护好奇心，好奇的背后是求知的欲望

希腊神话里，宙斯给了一个名叫潘多拉的女孩一个盒子，并告诉她绝对不能打开。这却激起了潘多拉的好奇心，她更想知道盒子里装的是什么了。不久之后，她终于没有忍住，打开了盒子。谁知，盒子里竟然装的是人类的全部罪恶。由于她开启了盒子，这些罪恶跑到了人间。心理学上把这种越被禁止越要做的现象叫作“潘多拉效应”。

这虽然是一个神话，却揭示了人的求知过程，那就是先对事物产生好奇，才会去探求事物的真相。从孩子学习的角度来说，好奇心其实也是学习的一个动机，只有对外界产生好奇的孩子，才会自发地想要去追寻答案和结果。

幸运的是，孩子有一个优势，那就是他们生来就有很强的好奇心，他们总是对周围的一切充满疑问，什么都想亲手摸一摸、亲眼看一看，凡事都想探个究竟。从培养孩子的角度来看，这就是他们学习兴趣的源泉。

然而，很多爸爸在教育孩子的时候，被孩子无数的“为什么”和什么都要了解的行为弄得常常失去耐心，所以经常阻止孩子的好奇。这其实是在打击孩子对事物的关注热情，孩子学习的欲望会因此大大降低。

所以，在生活中，无论爸爸有多忙碌和着急，都不要轻易打断孩子的好奇，应该对孩子的好奇心倍加呵护。

★ 宽容地接受孩子的好奇

很多爸爸不喜欢孩子“话多”“问题多”，如果孩子经常问问题，爸爸就会嘲讽孩子："你是十万个为什么吗？怎么这么多问题？"其实这就是在打击孩子求知的欲望。如果爸爸经常这样打击孩子，孩子就会丧失对外界的好奇心，当然也就失去了学习的动力。

苏联教育家苏霍姆林斯基说："求知欲，好奇心——这是人的永恒的、不可改变的特性。哪里没有求知欲，哪里就没有学校。"

心理学家的研究也表明，一个富有好奇心的人能够保持旺盛的求知欲，在获得知识的过程中体验乐趣，这种乐趣又会激励他不知疲倦地去探索未知的领域，促使其智力的发展。

可见，假如爸爸经常遏制孩子的好奇心，就等于掠夺了孩子获取知识、开发智力的机会。所以，当爸爸面对孩子的好奇时，一定要给予最大的耐心，不要随便打击孩子，而应表现出支持、欣赏孩子的态度，尽量给孩子正确的解答，满足孩子的求知欲。

★ 创造条件满足孩子的好奇心

莱特兄弟从小就对天空有着强烈的好奇心。有一次，他们兄弟俩在大树底下玩耍，突然萌发了要爬上树去摘月亮的想法。最后月亮当然没摘成，两个人的衣服还被划破了。

晚上回到家，爸爸看到他们狼狈的样子，便问他们是怎么回事。得知实情后，爸爸不但没有责怪他们，还告诉他们："你们对天空感到好奇，这很好，希望你们能继续好奇下去。"兄弟俩得到了爸爸的支持，便开始研究升空装置，并不断地探索升空技术方面的知识。后来，他们发明了世界上第一架飞机。

现实生活中，有几个爸爸能够如此支持孩子"将好奇进行到底"呢？面对类似的情况，或许会有很多爸爸责怪孩子把衣服弄破了；还会有一部分爸爸嘲笑孩子“痴心妄想”；鲜少会有爸爸对孩子表示支持，更别说专门为孩子创造条件，让他们“继续下去”了。事实证明，那些能够创造条件去支持孩子的爸爸，往往是真正智慧的爸爸，最后也能收获一个有想法、出色的孩子。

可见，爸爸们不要总是用大人的眼光看待孩子的好奇，别认为这是孩子幼稚、无聊的假想和发问；爸爸要给予一切能给予的条件，让孩子继续保持一颗好奇心，也许孩子就会因此而创造奇迹。

★ 自创动机引起孩子的好奇

好奇心是引导孩子学习的“导师”，但如果孩子的好奇心不足，或者对学习等一些重要事情“不好奇”，爸爸该如何引导孩子产生好奇心呢？

北宋著名的文学家苏轼和苏辙兄弟俩小时候非常顽皮，不肯读书。父母为了引导他们爱上读书，不仅晓之以理、喻之以义，而且还使用了“魔法”：每当孩子们玩耍嬉戏的时候，夫妻俩就躲在旮旯里读书。当孩子们从他们身边经过时，他们就故意把书“藏起来”。父母“偷偷摸摸”“神经兮兮”的举动让孩子们好奇不已。他们猜想父母一定是读到了什么好书。满怀追根究底的念头，他们趁父母不在家时，把父亲藏起来的书“偷”出来读。谁知这一读不要紧，读书竟成了苏轼和苏辙的乐趣。

后来，苏轼、苏辙成了非常热爱读书的人，他们在这种动力下发奋学习，成了著名的文学家，与父亲苏洵被誉称为“三苏”，都被列入“唐宋八大家”。

正像那个“潘多拉的盒子”一样，那些被隐藏起来的东西恰巧会引起人们无尽的遐想和好奇。爸爸也可以将这一招用在孩子的学习上，演一出“潘多拉宝盒”的戏，说不定这场戏就能成为孩子爱上学习的转机。

好奇是孩子的天性，如果孩子的这种天性永远被支持、被尊重，那么孩子将在这种驱动力下学到非常多的知识。相反，如果孩子的好奇总是被忽视、被压制，那么孩子即使有很高的天赋，最终也可能“泯然众人”。

【忙爸爸一分钟教子金句】

文艺复兴时期伟大的哲学家培根说:“知识是一种快乐，而好奇则是知识的萌芽。”好奇是孩子求知的第一步。爸爸不但要让孩子没有阻碍地迈出这一步，还要创造条件，促使孩子愉快、充满期待地迈出这一步。

……第四节…………………

纠正心态，高能比高分更重要

很多爸爸虽然在外忙碌，其实心中也很惦记孩子。但他们回家后，对孩子的关心却经常以“你考得怎么样”来开头。似乎孩子的成绩是评判孩子在过去的一段时间里是否听话、学习是否努力、听课是否认真的唯一标准；甚至还代表孩子是否聪明、是否有能力、将来是否能“出人头地”……实际上，分数真的能说明这一切吗？

看到下面这些名人的履历，或许你会对这个问题有新的看法：

爱因斯坦和比尔·盖茨在上学的时候都不是出类拔萃的学生，他们在读书时期成绩并不好，可是后来却成为杰出的科学家和企业家；牛顿、爱迪生、拜伦、巴尔扎克、雨果、黑格尔、华罗庚，这些名人小时候甚至都曾因学习成绩差而被老师评价为“差生”“笨蛋”“劣等生”，但最后他们都为社会做出了巨大的贡献……

成绩不拔尖，甚至很差的人，长大后还能成为优秀的企业家、学者、科学家，这向我们说明了，高分绝不代表高能。

1989 年，杭州市天长小学的周武老师受邀参加一次往届毕业生的聚会。令他大吃一惊的是，那些担任副教授、经理的，在小学时成绩并非十分出色；相反，当年那些成绩突出的好孩子，现在却成就一般。

这个现象引起了周武的好奇，他开始关注毕业班的孩子。经过十年时间对一百五十一位孩子的追踪调查后，周武发现，孩子的成长是一个动态的过程。在这种动态变化中，小孩子随着就读年级的升高，会出现成绩名次波动的现象：小学时主科成绩在班级前五名的孩子，进入中学后名次后移的比例为43%；小学时排在六到十五名的孩子，进入中学后，名次前移的比例竟为81.2%。

很多资深教师，甚至普通人也都有这种体验：那些在中小学里被老师看重的优等生，他们在进入大学或参加工作后，并没能保持优势，也没能取得突出的成就。而往往在班里十名左右或者更靠后的孩子，却能爆发出令人意想不到的巨大潜力——在大学时期脱颖而出，在工作岗位上也是建树颇丰。

这说明，高分并不是衡量孩子能力的标准，高分也不应成为爸爸对孩子的要求。当然，这也不代表爸爸要对孩子“放任自流”，而是要引导孩子锻炼各个方面的能力，真正走上“高能”的通道。

★ 放宽眼界，不让孩子只盯着课本

那些只追求高分的孩子，他们的知识面往往过于狭窄。虽然他们对书本研究得较透彻，考试成绩很优秀，但平时很少接触课本以外的知识。而没有那么大学习压力的孩子则能留出一定的空闲时间，来翻阅课本以外的书籍，学到更完整、更丰富的知识。

因此，爸爸不要总逼迫孩子抱着课本读，不如多给孩子一些选择，同时也引导孩子去读一些其他读物，让他们吸收更加丰富的知识，这对孩子来说是培养高能的最好做法，而不至于让孩子变成只会盯着课本读的“书呆子”。

★ 注重参与社会活动，不把孩子关在屋里“练功”

过于追求分数的孩子，大部分时间都将自己关在教室里学习，因而很少有时间去参加体育运动，这种不懂得劳逸结合的学习模式不仅对身体有害，也容易使他们变成身体和思维都不活跃的“书呆子”。另外，经常顶着第一名、第二名光环的孩子，在走入社会之后，在人才济济的单位中一旦无法拔得“头筹”，则有可能因为承受不了心理落差而导致信心和进取心受到打击。而没有名次压力的孩子，一般在校期间就比较活跃，喜欢参加各种体育活动和课外拓展，进入社会后也能承担繁重、复杂的工作。另外，这些孩子经常在一些偏社会性的活动中“打磨”，所以抗干扰、抗挫折的能力以及承受能力都比较强。

从长远来看，孩子多考一些分数、得到好一点的名次，不如拥有良好的社会适应能力。爸爸与其让孩子终日闷在家里“练功”来追求高分、提高名次，不如让孩子多去参加一些室外活动、社会活动，如多参加学校的社团、主动帮班里做一些事情，让孩子在与人交往的过程中提高情商、逆商。

★ 发展孩子的特长，不以分数衡量孩子

那些在学校一味追求第一名、第二名的人往往缺乏个性。他们为了追求好成绩，几乎花费了所有的时间，很多活动都不参加，本来具备的一些特长也耽误了。而那些不被名次限制和约束的孩子，往往喜欢参加文艺活动、体育活动，各方面能力相对较强，使得他们在走入工作岗位后往往有更充沛的精力，以及更大的影响力。

为了避免孩子成为一个高分低能的人，爸爸不如因材施教，顺应孩子的兴趣，让他随心去发展一项喜好，发挥出自己的特长。试想，如果孩子将来能成为一名钢琴家，而爸爸却为了学习成绩不许他接触音乐，这对孩子来说将是多

大的损失？

孩子得不得高分并不是最重要的，学校里的第一名，不见得最终能成为社会可用之才。而情商高、能够很快融入社会和群体的人，才是企业需要的抢手人才。所以，爸爸不用把注意力只集中在孩子的分数上，而要给孩子一片相对自由的天空，让他去发挥自己的潜能、发展自己的爱好，他得到的会比所谓的“第一名”要有价值得多。

【忙爸爸一分钟教子金句】

爸爸要让孩子明白，在人生的道路上，并不是超过别人、自己当第一就是成功。真正的成功是找到自己喜欢做的事情，找到自己快乐生活的方式，与他人能够愉快相处。这些要素同样能给孩子带来成功，并且比学校第一名的奖状更容易缔造成功。

……第五节…………………

学习不是赢过他人，而是战胜自己

曾经有这样一则新闻：一个年仅九岁的小女孩非常要强，每次考试都要求自己必须考第一名，如果没有考到，她就会非常生气，不仅把自己关在房间里不吃饭，还会开始“闭关”学习，哪儿都不去、谁也不见。

生活中常见到类似的情景，只不过少数时候是孩子自己要强，多数时候则是爸爸“望子成龙、望女成凤”。无论要强的是孩子还是爸爸，他们都犯了一个认知上的错误，那就是真正的胜利不是赢了他人，而是战胜自己。首先，天外有天、人外有人，谁都不能保证自己在任何环境中都能得第一；其次，第一并不是轻易就能得到的，当孩子得不到时，沮丧和焦虑会占据全部的情绪，容易使孩子丧失信心；第三，在某个环境下拿到“第一”的孩子，很可能因此产生自满心理，不再追求进步。所以，赢过别人不应该是孩子的目标，同时也不应该是爸爸对孩子的要求。智慧的爸爸会教孩子战胜自己，而不是打败别人。

★ 不拿孩子和别人比较

怀特先生的儿子哈里是一个非常优秀的孩子。但怀特对哈里的要求很高，他总是说希望孩子能够成为一个很有作为的人。

一次，怀特到一所孤儿院做实验，他发现一个年仅六岁的孩子已经完成了小学的全部课程。当然，这与孤儿院进行的早期教育训练是分不开的，但怀特并没有考虑到这些因素。他回家之后，对哈里说道："你知道吗，我今天在孤儿院，看到一个六岁的孤儿已经学完小学的所有课程了。"

"哦，我在学校也听说了这件事。"哈里并没有听出爸爸的意思。

"听说？你就没去想想别人是怎么做到的吗？你都已经九岁了，你又学到了什么？"

"爸爸，我的成绩在我们班已经是最好的了。我觉得我也学到了不少东西。"哈里有些胆怯地辩解。

"那你和学校外的人比又算什么？你根本连一个六岁的孤儿也比不上。"

哈里被爸爸挖苦之后，生气极了。他说："是的，你说得对，我连六岁的孤儿都不如。我是个白痴。你以后也不要再管我了！"

父母望子成龙的心情是可以理解的，但爸爸有意无意拿自己的孩子和别人比较，这很容易伤孩子的自尊。对于孩子来说，最害怕的就是在爸爸心中自己不如别人。当他听到这样的话，不但会觉得沮丧，还可能在以后的日子变得自卑起来，不再对学习有信心。所以，爸爸一定要把好自己的"嘴关"，不要拿孩子和别人比。

★ 比赛绝非必须赢

孩子在学校和生活中难免会遇到大大小小的比赛，有时是学习上的，有时是体育竞赛，有时是手工之类的活动。当孩子参赛时，无论结果如何，爸爸都应该给孩子灌输这样的意识：对于比赛，只要努力就好，而不是一定要赢。

在《爸爸去哪儿》录制的时候，一次节目组组织五位爸爸和孩子"赛猪"。规则是爸爸和孩子一起，牵着由自己挑选的猪，穿越重重障碍跑向终点，最先到达的就是冠军。林志颖和 Kimi 出师不利，比了两次都只得了第三名。Kimi 非常着急，不仅耍起了小脾气，还硬要牵着猪从没设障碍的赛道跑过去。林志颖一改往日对儿子的温柔和宽容，教导他道："这是个比赛，但并不代表我们一定要赢，而应该是我们一定要努力！"事后，林志颖在接受采访时还说："我们不能总灌输给孩子一定要赢的观念，而是努力做到最好就可以。"

没错，一个人最大的竞争者，不是别人，而是自己。每次取得一点点进步，战胜原来的自己，这就是最大的胜利。因此，爸爸也要让孩子忘掉名次，教育孩子勇于挑战自己。这样，孩子的心态才会平稳，也才会把注意力放在挖掘自己的潜能之上。

★ 用暗示的方法让孩子每次都有进步

爱因斯坦小的时候，常常被人看不起。在爱因斯坦小学毕业时，他的校长对他父亲说："您的孩子，将来从事什么职业都一样没出息。"

有一次，爱因斯坦的母亲带他到郊外玩。亲友家的孩子一个个活蹦乱跳，有的爬山，有的游泳，唯有爱因斯坦默默地坐在湖边，凝视着湖面。这时，亲友们悄悄走到他母亲身边，不安地问道："小爱因斯坦为什么总是一个人对着湖面发呆？是不是有点抑郁啊？应该趁早带他到医院看看！"爱因斯坦的母亲十分自信地对他们说："我的儿子没有任何毛病，你们不了解，他不是在发呆，而是在沉思、在想问题，他将来一定能成为了不起的大学教授！"

从此，爱因斯坦时常拿妈妈的话来审视和鞭策自己，并不断地自我暗示："我是独一无二的！我会做得更好！"这就是爱因斯坦之所以成为爱因斯坦的原因。

这世界上并不存在绝对“没出息”的孩子，只要努力，每个孩子都能不断进步，去创造更好的自己。爸爸与其总盼着孩子赛过别人，不如给孩子一种“你最棒”的心理暗示。这对孩子来说将是一剂最有效的良药，能够让孩子信心大增。

爸爸教育孩子不与别人争，而与自己赛，这不仅会让孩子身上的压力减轻、轻松上阵，而且会让孩子的心态变得更健康、更平和；少了嫉妒和攀比，孩子与他人之间的关系也会更融洽。与别人比较只会坏处多多，好的教育方式应该是让孩子注重超越自己。

【忙爸爸一分钟教子金句】

总是注重与别人比的人，过于看重输赢，逐渐会在获胜手段上下功夫；而看重超越自己的人，才是真正将注意力放在追逐优秀之上的人，才能真正获得进步。聪明的爸爸会让孩子去跟自己比，不断攀越个人的高峰，摘取人生的桂冠。

……第六节…………………

提高记忆力，让孩子学习不费力

记忆力对一个人来说非常重要，如果没有记忆力，人的一切活动可能都会失去意义。从婴幼儿阶段开始，每个人都是靠着记忆力在不断地成长。

苏联心理学家维果斯基认为：学前儿童心理活动的各个方面以记忆占优势地位，记忆处于意识的中心。如果没有记忆能力，幼儿每一次都要去重新认识那些已经见过的事物，那么他们不可能获得任何生活知识经验。有了记忆，先后的经验才能联系起来。通过记忆，人们丰富自己的知识，并形成各自的心理特征。所以说，幼儿记忆的发展对学习文化科学知识有直接作用。

对于求学阶段的孩子来说，记忆力尤为重要。如果一个孩子的记忆力好，那么他学习起来将备感轻松；如果一个孩子的记忆力较差，那么他在记忆知识和方法上就会浪费很多时间，导致学习事倍功半。

对于这一点，平时忙于工作的爸爸们也是深有体会的。记忆力好坏对一个人的影响的确非常大。那么，如何帮助孩子提高记忆力，让孩子在学习过程中不花费过多的精力在记忆上呢？

★ 在理解的基础上记忆

在学习过程中，教师们常常要求学生先熟读内容，然后逐句、逐段地向他们讲解，目的就在于让学生在理解的基础上进行记忆。当学生背下所学的内容之后，教师们还会经常向学生提问，并要求学生对这些问题进行讨论。而在讨论的过程中，学生对所学知识的认识又会上升到更高的层面。

先理解再记忆的好处，就在于孩子在对所背诵的知识完全了解、吃透的基础上背诵，会更加准确，不会轻易记错内容。所以，爸爸要引导孩子，在刚开始接触背诵内容时，就要形成先理解、再记忆的习惯。

★ 利用“遗忘曲线”强化记忆

德国心理学家艾宾浩斯研究发现，遗忘在学习之后立即开始，而且遗忘的进程并不是均衡的。根据他的实验结果绘成的描述遗忘进程的曲线，就是“艾宾浩斯遗忘曲线”。

曾有人做过这样一个实验：两组学生学习同一篇课文，甲组在学习不久后进行一次复习，乙组不复习。一天后，甲组对课文的记忆保持 98%，乙组保持 56%；一周后，甲组保持 83%，乙组保持 33%。乙组的遗忘平均值比甲组高。

这个实验告诉我们，在学习中的遗忘是有规律的，遗忘的进程不是均衡的，在记忆的最初阶段遗忘的速度最快，后来就逐渐减慢，过了相当长的时间后，几乎就不会遗忘了——这就是遗忘的发展规律，即“先快后慢”。根据遗忘规律我们可以知道，如果孩子学的知识不在一天后抓紧复习，记住的就会所剩无几。

在了解遗忘曲线之后，爸爸可以这样指导孩子记忆知识：比如，孩子第一天背了二十个成语，那么不管孩子记得多么深刻，爸爸一定要让他第二天再背一遍，否则就会遗忘其中的一部分。而当孩子有过两次记忆过程之后，就无须每天背了，但要在隔两天之后再去温习一次，否则还是会忘掉一部分。而下一次温习，则可以安排在一周后……当孩子这样反复背了数次之后，那么即使长久不回顾这些成语，遗忘率也会很低。这说明它们已经基本深刻在孩子的脑海

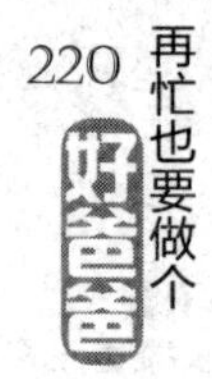

中，成为他记忆的一部分了。

当然，如果孩子有足够的理解能力，爸爸可以将这个方法传授给孩子，而不是每天去指导孩子怎样背诵。这样既能让孩子多学一项技能，又不至于耽误爸爸太多的时间。

★ 把握两个记忆黄金点

人的大脑有两个黄金的记忆时间，分别是晚上睡觉前和早上醒来后。如果能够督促孩子在这两个时间段多记东西、复习功课，那么也能达到很好的记忆效果。一般来说，睡前的时间可主要用来复习白天或以前学过的内容，对于二十四小时内接触过的信息，由于还有部分记忆，所以这时稍加复习便可巩固记忆；另外，由于这个时段比较独立，所记忆的东西不会受到第二天所学知识的影响，所以记忆材料易储存，会由短时记忆转入长期记忆。这种学习方法对孩子积攒知识量非常有帮助。

另外，早晨起床后，由于不会受前摄抑制（指之前学习过的材料对识记和回忆以后学习的材料的干扰作用）的影响，记忆新内容或复习一遍昨晚复习过的内容，则整个上午都会对那些内容记忆犹新。所以，睡前和醒后这两个时间段千万不要浪费，若能充分利用，可以得到事半功倍的效果。

记忆力对求学阶段的孩子来说是非常重要的。爸爸在百忙之中抽出一点时间，教给孩子记忆的方法，这对孩子大有裨益，能使孩子的学习效率提升数倍。

【忙爸爸一分钟教子金句】

记忆力有时也像大脑其他部位一样，越用越好用。当爸爸将记忆的技巧传授给孩子时，孩子会因为记忆的轻松而爱上学习，学习效率也会快速提升。而学习的进步也会使孩子更有信心，同时更乐于去记忆、去学习。这样，孩子的学习就会形成良性循环。

……第七节……………………

珍惜时间，教孩子高效用时

平时总在忙碌的爸爸能深切体会到这样一个道理：时间非常宝贵。与其说时间是金子，倒不如说时间是金子也买不来的世间珍品。时间是生命的核心，对每个人都至关重要，对高效吸收知识的孩子来说，更是“一寸光阴一寸金”。如果孩子能够高效利用时间，那么他相当于比别人多了很多时间，他学到的东西会更多，他的竞争力也会在无形中增加；如果孩子不懂得珍惜时间，总是蹉跎光阴，那么孩子也许上了很多年学，仍然学不到什么。

那么，爸爸如何让孩子懂得珍惜时间，并且学会高效利用时间呢？

★ 必须让孩子懂得时间的珍贵

爸爸要让孩子明白这样一个道理：时间是让一切能力、才华和梦想变成美好现实的宝物。世界上那些有成就的人，无一例外都非常重视时间。他们不仅聪明、有才华，还有很强的时间观念。只有这样，他们才能在别人“消磨”时间的时候，不间断地学习、努力、尝试，才能获得比别人更多的成就。

鲁迅之所以能获得如此高的文学成就，就与他重视时间分不开。当鲁迅十二岁在绍兴城读私塾的时候，父亲身患重病，两个弟弟年纪还小。每一天，他都不得不穿梭在当铺和药店之间。这么多的事情，他依然没有耽误学习；他对时间做了非常精确的安排，确保每件事情都有固定的时间去完成。

也可以说，鲁迅几乎每天都要挤时间。他曾说过这样一句名言：

“时间，就像海绵里的水，只要愿挤，总还是有的。”

就在这样紧张的状况下，令人惊奇的是，鲁迅依然有时间发展自己的兴趣爱好。他的兴趣十分广泛，不但喜欢写作，还对民间艺术特别是传说、绘画非常感兴趣。也正是因为他的广泛涉猎和多方面学习，需要更多的时间，所以他比很多人都更会挤时间。

可见，时间虽然对每个人来说都是相同的，但不同的利用时间的方法，会产生反差极大的效果。爸爸可以经常给孩子讲一些名人事例，让孩子明白，高效利用时间与虚度光阴两者之间的巨大差别，从而让孩子有珍惜时间的意识。

★ 要学会利用零散时间

如果孩子已经懂得珍惜时间，却经常埋怨时间不够用，那么爸爸不妨教他们学会利用零散时间。著名的海军上校纳尔逊曾发表过一项令全世界懒汉瞠目结舌的声明:“我的成就归功于一点:我一生中从未浪费过一分钟。”军事家苏沃格夫也曾说:“一分钟决定战局。我不是用小时来行动，而是用分钟来行动的。”这向我们以前的时间观念发起了挑战:我们看重小时、天这样的时间，可分钟就不是时间了吗？要知道，时间就是一分钟一分钟悄悄溜走的。因此，爸爸要让孩子明白，零散的时间加起来也可以做很多事情，而人与人之间的差别，往往就在于对这些零散时间的运用。

爸爸可以指导孩子利用起这几个零散的时间:比如，早上起来后，快速洗漱完毕，晨读十分钟;课间时，如果不需要上厕所，不妨再复习一下刚才老师讲过的内容，加深记忆;中午午休前，抽出五分钟回忆一下上午的功课，并对下午的学习做一个简单的安排;晚上做完作业后，还可以抽出十五分钟，预习一下第二天要讲的内容……虽然这一天下来也许做不了多少事情，但长期坚持利用零散时间，孩子一定会惊讶于自己在学习上的变化。

★ 用最短的时间完成一件事情

爱迪生是世界著名的发明家，他一生共发明了电灯、电报机、留声机、电影机、磁力析矿机、压碎机等总计两千余种东西。爱迪生强烈的研究精神，使他对改进人类的生活方式做出了重大贡献。

爱迪生是怎样在有限的生命里创造出如此多的发明呢？珍惜时间就是他的一大秘诀。爱迪生常对助手说："人生太短暂了，要多想办法，用极少的时间办更多的事情。"

一天，爱迪生在实验室里工作，他递给助手一个没上灯口的空玻璃灯泡，说："你量量灯泡的容量。"说完，又低头工作了。

过了一会儿，他问："容量多少？"没听见回答，他便转头去看，当他看见助手拿着软尺在测量灯泡的周长、斜度，并拿测得的数字伏在桌上计算时，他说："怎么费那么多的时间呢？"他走过去，拿起那个空灯泡，向里面斟满了水，交给助手，说："里面的水倒在量杯里，马上告诉我它的容量。"

助手立刻读出了数字。爱迪生说："这是多么容易的测量方法啊，它又准确又节省时间，你怎么想不到呢？还去算，岂不是白白浪费时间？"助手的脸红了。

爱迪生喃喃地说："人生太短暂了，太短暂了，要节省时间，多做事情啊！"

当然，爸爸教孩子做事要节省时间，这需要孩子有一定的经验和智力水平，不可操之过急。不过，一旦爸爸帮助孩子形成这种习惯后，孩子在遇到每一件事的时候，都会先思考最快的解决方法。这种意识将给孩子的人生节省很多的时间。

让孩子学会高效利用时间，这需要一定的自控力和思维能力，因此爸爸不能操之过急。爸爸要做的就是，尽早让孩子明白时间珍贵的道理，并且不时告诉孩子一些节约时间的方法，然后耐心等待孩子将这些方法融会贯通，真正做到高效利用时间。

【忙爸爸一分钟教子金句】

一个人学习知识的黄金时间是六至二十五岁，谁高效利用了这些时间，谁就掌握了成功的秘诀。而爸爸越早让孩子懂得学会珍惜时间，孩子的学习效率就会提升得越快，孩子的人生也将越早走向成功。

……第八节……………

启发思考，好问题和好答案同样重要

先来看这样一个小故事：

牛顿在学校成绩不太好，只喜欢动脑筋做各种模型。有一天，他模仿水车碾粉机做了一个小模型，拿到学校去炫耀，做实验给班上的同学看。实验很成功，可是，当班上的一个高才生让他说明，他所做的水车为什么能够这样把麦碾成粉时，他却无言以对。

那个高才生讽刺道："如果你不能说明原理的话，你不就是一个手指灵活的呆子么？"周围的同学也开始嘲笑起他来。从此以后，不论面对什么事，他都会想"为什么"，最终他成为了一位伟大的科学家。

这个故事告诉我们，没有追根究底的思考参与的成就，只能算是一个"半成品"，经不起别人的质疑；而当一个人懂得深入思考时，他才能做出更有价值的东西，并且能够不断保持进步。

再来看这样一个问题：对孩子来说，是有丰富的知识更重要，还是有超强的思维能力更重要？相信爸爸在经过理智的思考之后都会选择后者。这是因为知识是无限的，是一个累加的过程，孩子年龄越大、见的东西越多，就会掌握越多的知识；而思维能力就像是一种魔法，能将有限的知识变幻出无限的技巧和作用，是孩子灵活掌握知识、应对工作和生活的重要方法。因此，拥有超强的思维其实比拥有知识更为重要。知识与思维有密切的联系，但绝不是同一个东西。有些孩子非常善于思考，很有创造力，但在校的考试成绩可能一般；有些孩子的考试成绩非常好，但不善于独立思考，没有创造力，就是所谓的"高分低能”。纵观各领域的优秀人才，可能读书时不一定是所谓的“尖子生”，但他们的确表现出不同常人的思维能力，点子多、心思巧，遇到问题绝不放弃，总能找到比别人更多的方法。可见，对孩子来说，在成长和学习的过程中，思维能力的培养比掌握知识更重要。

所以，在关注孩子的学习时，不能只看到孩子拥有的知识面，还应该注重培养孩子的思维能力。

★ 尽量用问问题代替直接解答

每个孩子都很喜欢向爸爸提问题，寻求解答。面对孩子的问题，爸爸经常会直接告诉他答案，这种“填鸭”的方式，无法起到让孩子自主思考的作用。在可能的情况下，爸爸不妨用提问题的方式代替直接向孩子解答，让孩子自己思考答案。

一天，小希问了爸爸一个问题：“爸爸，为什么自行车轱辘和汽车轱辘都是圆的？”爸爸没有回答，而是反问道：“那你认为它还可以换成什么形状呢？”小希想了想：“正方形不行吗？”爸爸笑着说：“你不是有圆形和正方形的积木吗？你来试试吧，看它们哪个能更好地滚动。”小希果真跑到自己的玩具箱前，拿出积木认真地试了试。试完后，他对爸爸说：“我明白了，正方形滚不动，滚起来也太费劲了。还是圆形滚得比较快。”爸爸接着说：“对，这是为了省劲儿。那你还能想到哪些东西是装了圆形的轱辘来省劲儿的吗？”小希想了想，回答道：“妈妈带我去超市的时候，我看见超市的车子也有圆形的轱辘。嗯，还有小宝宝们用的小推车！”

用问题代替直接给孩子答案，这不仅能让孩子体会到自己思考的乐趣，还能让孩子在得出答案后信心大增，更加愿意思考。

★ 多向孩子提问题

问题是思维的起点，发问对培养孩子的思维能力是很重要的。当然，这个“问”也要讲究技巧，不能总是问“你喜欢吃红薯还是玉米？”等没有太大意义的问题，爸爸问出口之前，要先思考一下，怎样问才能让孩子转动自己的小脑筋。

比如，爸爸可以问孩子一些发散性问题。如：“你能告诉我，杯子都可以装进去哪些液体吗？”这样没有唯一答案的问题，孩子就会快速在脑中搜罗答案，比如可以喝的、可以放进杯子里的水或饮料。如果孩子不懂什么叫液体，爸爸还可以趁机给孩子普及一下知识。这样一来，孩子的逻辑思维能力也会得到提升。

★ 为孩子创造容易发问的情境

爸爸还可以为孩子创造“想问”的情境。孩子积极思考、主动提问，这对思维的发展极其重要。或许有些爸爸会问，如何才能让孩子想问、会问？要让孩子想问题并提出问题，一个重要的做法就是安排一个情境，以激发孩子想问的兴趣。所谓安排“情境”，有某些技巧可循。首先，让孩子感到好奇。比如故事说一半，让孩子想想会是会什么结果；玩猜谜游戏，给一些暗示等；然后引导孩子如何清楚且有礼貌地表述自己的问题。其次，鼓励孩子积极思考，主动提出问题。在孩子的天性中，有一种求知的欲望，他们心中有无数个“为什么”，想了解这个奇妙世界的本来面目，而回应他们的却是成人不以为然的态度。所以，孩子的这种求知欲就逐渐被扼杀了。因此，如果能够有意识地引导孩子，保护孩子的好奇心，对孩子的提问表现出自己的兴趣，与孩子一起去寻求未知的答案，孩子提问的欲望就会不断增强。

提出问题，是孩子在积极思考的表现，也是孩子开发智力、增加知识的过程。爸爸让孩子勤思考，而不是被动地等待答案，就相当于把获取知识的钥匙交给了孩子，让孩子能够自主地、快速地增加知识和经验。

【忙爸爸一分钟教子金句】

好的问题和好的答案同样重要。问问题代表了孩子的好奇心，没有好奇心的人是很难拥有智慧的；不爱问问题的人，其思维能力必然较低。所以，爸爸要让孩子养成思考和提问的习惯，这远比机械地教孩子知识要有意义得多。

第八章

传力量

坚强必修课，“硬汉”爸爸教出心灵强健的孩子

爸爸是一种特殊的存在，在于他身上有一种坚毅的力量。“爸爸”一词代表着勇敢、坚强、乐观、理智。而这些品质，对孩子来说是至关重要的，是爸爸必须赋予孩子的品质。因此，爸爸教育孩子的一个重要任务，就是将自己身上那些有利的因子传递给孩子，让他也拥有宽阔的胸怀、勇敢的精神、非凡的气。

……第一节…………………

“乐天派”爸爸，养育快乐小天使

想必每一位爸爸都希望自己的孩子能成为一个乐观的人。其实这并不难，只要爸爸能够找到让孩子变得乐观的方法，并照着去做就可以了。

★ 爸爸首先要做一个乐观的人

要想收获一个乐观的孩子，自己首先要做一个乐观的老爸。爸爸的行为直接影响孩子：如果爸爸能够以身作则，面对困境、挫折时依然保持积极乐观的心态，孩子也会受爸爸的影响，乐观地去面对生活中的一切；而假如爸爸整天抱怨，表现得很悲观，孩子也会耳濡目染地学会这种消极的情绪，时间一久就会成为一个悲观的人。

另外，给孩子创造一个愉快的家庭氛围也很重要。孩子从小生活在愉快的氛围中，性格自然不会太沉闷。有研究表明，孩子在牙牙学语之前，就能感觉到周围的情绪和氛围，并受这种氛围的影响，在成长过程中更倾向于养成与环境相符的性情。可见，一个充满怨言、悲观甚至暴力的家庭，绝对培养不出开朗乐观的孩子；而稳定、幸福、气氛轻松的家庭，则会让孩子产生强烈的安全感，让孩子拥有快乐的情绪。

★ 引导孩子多从积极的角度思考问题

每件事情都有好的一面和坏的一面。人与人的遭遇往往不会差太多，而在于以怎样的角度去看待。乐观的人与悲观的人，其人生质量是完全不同的。如果爸爸能引导孩子在看待问题时向好的方面看，那么即使孩子将来没有大富大贵的际遇，他的人生也一定充满快乐。

有一个很大的鞋厂，但由于国内市场已经饱合，如何在海外开辟鞋市场就变得非常重要。一天，鞋厂老板找来营销总管，指示他们派出两批市场调查组到非洲寻找市场。

去后不久，两个市场调查组都发回了市场反馈。甲组说:“这里没有穿鞋的，即使生产出鞋来，在这里也会卖不出去。”

而另一调查组乙组却与甲组结论完全相反。乙组十分兴奋地告诉老板:这里人人没有鞋穿，鞋子市场很大，急待我们开始。请汇款5万元，我们在这里筹建工厂，设计适合当地土著人穿的鞋。老板对两个截然相反的调查结论作了比较，深信乙组是对的。于是做出在非洲建厂的决策，结果这个鞋厂在非洲的营业额大幅增长。

可见，同样的事，不同的态度，不同的看待，会有不同的结果。乐观者看到的世界是一个多彩的世界，并善于从中寻找生机。而悲观的人看到总是灰暗的一面。

★ 要学会欣赏孩子

现代心理学之父威廉·詹姆斯说过:“人最大的需要就是被了解与欣赏。”孩子尤其如此。经常得到爸爸的肯定和赞赏的孩子，自尊心会得到满足，看待事物时也会变得自信，他们更容易相信自己能够通过努力解决问题，因而更加乐观。而总是被爸爸否定的孩子，会对自我能力严重不信任，对外界也没有安全感，总是认为外界会用质疑的眼光看自己。这样的孩子，怎么能够乐观起来呢？他将来的人生之路，难免会充满怀疑、悲观和自卑的情绪。

如何表达对孩子的欣赏也需要技巧。首先，对孩子的欣赏不能只放在心里，而要经常告诉孩子，如“我觉得你很棒”“爸爸最喜欢这样的你”等;另外，欣赏孩子要真诚，要发自内心地对孩子表达自己的感觉，不要用开玩笑或者无所谓的语气，这样孩子感觉到的被支持和被欣赏才是真实的。

爸爸还需知道的是，三至六岁是孩子性格定型的时期，所以必须要抓住这一阶段，努力将孩子培养成一个乐观的人。

【忙爸爸一分钟教子金句】

一个乐观的人，其实也是幸福感强烈的人，不管他富有还是贫穷，他都能够活得潇洒自如，不缺快乐。相反，一个悲观的人，即使拥有堆积如山的财富，也照样不会有长久的快乐。

……第二节……

自信勇敢，老爸就是孩子膜拜的英雄

自信是一个人成功的奠基石。一个自信的人，在很多方面都更容易成功，比如，更容易处理好人际关系，更懂得享受生活等。对每一个人来说，自信都非常重要，它给人带来的成功是全方位的，它给人的影响是长久的，甚至是终身的。

勇敢，则常常与自信相伴而生，一个自信的人，会更有勇气去尝试新事物、承担和解决困难。他们在面对困难时，没有畏首畏尾的胆怯，没有瞻前顾后的犹豫，一旦考虑成熟就会果敢行动。而没有自信的人，很难成为一个有勇气的人。

居里夫人曾说：“我们应该有恒心，尤其要有自信心。”培尔辛也指出：“除了人格之外，人生最大的损失，莫过于失掉自信心。”这就告诉爸爸们，在塑造孩子的品格方面，自信是首先要考虑的一个重要品质。当孩子有了自信，自然也会有过人的勇气。

★ 先做个自信、勇敢的老爸

爸爸就像是孩子的行为模板，爸爸有什么样的品质和行为，孩子将来多半也会有同样的表现。所以，要想让孩子变得自信、勇敢，首先自己就要做一个自信又勇敢的老爸。

比如，平时在家的时候，不要总是表现出自己犹豫不决的一面，更不要让孩子感觉自己胆小怕事。爸爸遇事不要抱怨，不要找借口，而应该去找解决的办法，给孩子一种正面的能量，让孩子知道有底气的人是有能力解决问题的人。

★ 不拿孩子与别人比较

网络上流行一句有趣的话，叫“我们当年都输给了‘那谁谁家的孩子’”。这句话虽然充满了自嘲，乍一听好像是长大的孩子在回味童年，但这句玩笑的背后却隐藏了童年时期的不快和泪水。美国学者戴维·刘易斯在他的《教育孩子四十条》中，提出了这样一条：“从来不对孩子说，他比别的孩子差。”戴维认为，用挖苦、贬低的口气，拿别人的长处来数落自己的孩子是完全不对的。孩子如果尽心了，那么就不可一味地苛求他们做到尽善尽美，毕竟完美的事情并不常常发生，很多大人还达不到完美的状态，更不用提孩子了。如果孩子不是很努力，那么爸爸要懂得对孩子进行引导，切不可随便比较。

爸爸除了不要拿自己的孩子与别人比之外，还要在发现孩子缺少自信、觉得自己不如人的时候，给他打气。比如，当爸爸听到孩子说自己在某一方面不如别人的时候，可以告诉他：“其实你不比任何人差，你在爸爸心中是最棒的！”

据说，当年比尔·盖茨在创办微软公司之后，给他的父母写了一封信。其中有一段话是这样说的：

“亲爱的爸爸妈妈，谢谢你们！你们从不说我比别的孩子差，尽管我在某些方面确实不如别的孩子，可你们总是会对我说：‘你不比任何一个孩子差，相信自己，你是最棒的！’正是你们阳光般的鼓励，使我拥有了强盛的自信心，让自己一步步走向成功，走向人生的辉煌！”

孩子即使缺乏自信，只要他得到来自最亲的人的鼓励和支持，他的信心也可以重新燃起。而爸爸对孩子表示支持的最佳方式，莫过于告诉他，他在自己心里是最棒的。

★ 永远不嘲笑和贬低孩子

曾经有一位美国记者到某监狱采访一个偷窃、抢劫成性的罪犯。当记者询问是什么样的心理让他一再犯错时，他说出了一段多年来不愿启齿的话：“我的父亲是个酒鬼，他很少回家。有一次我看到他，很高兴地告诉他，我长大了要当一名科学家。但他哈哈大笑，说‘假如你能当科学家，我就是英国国王’。接着还打了我一巴掌，让我不要做梦、胡说八道。从那之后，我就再也没有提过‘科学家’三个字。我觉得学习没什么用处，就辍学了。我抱着破罐子破摔的心态在街上流浪，慢慢发展到偷钱、抢钱……”

这个事例说明了什么呢？来自爸爸的嘲笑和贬低，很可能毁掉孩子的一生。很多爸爸也许觉得有些夸张，但事实确实如此。试想，孩子的生活圈子很窄，生活经验也不足，他们所有的安全感和自信全部来自父母对自己的肯定。如果爸爸能够经常夸奖、表扬孩子，孩子就会认为自己是有能力把事情做好的，并会不断向着被表扬的方向努力。如此一来，孩子就会表现得越来越自信。相反，如果爸爸总是以讥笑、嘲讽的口气评价孩子，那么孩子的内心也会消极地看待自己，从而怀疑自己的能力，变得越来越不自信。

所以，永远不要贬低孩子，更不要看不起孩子的想法，即使它们在大人看来是幼稚的。建议爸爸多对孩子竖起大拇指，以表扬的方式来激励孩子，孩子一定会变得更加自信。

孩子是否自信，与家长对他们的评价有着直接的关系，尤其是来自孩子心中的偶像——爸爸的评价。因此，每个爸爸都应该从现在开始，试着发现孩子的优点，以鼓励的方式和孩子沟通，用欣赏的眼光看待他。

【忙爸爸一分钟教子金句】

自信是人生最重要的精神支柱，也是行动的内在驱动力。爸爸对孩子的支持、激励、赞赏，会点燃孩子的自信火苗；而批评、贬低则会让孩子自信的小火苗熄灭。

……第三节…………………

不怨天尤人，自己的事情自己负责

日本心理学家曾对1000人做过一个测试：询问每人3件不愉快的事情及原因。结果，有991人把原因归到了他人身上。在现实生活中，也有很多人遇到麻烦时会首先埋怨别人，或者认为老天对自己不公，不给自己机会或好运气。然而，这样的抱怨不但不能解决问题，还会使得自己的工作越来越难做，自己的情绪也越来越糟糕。在成败归因心理研究中，人们把自己的失败常归咎于他人或环境的现象，称为“尤人效应”。

“尤人”最大的悲哀在于，他们把宝贵的光阴都用来推卸责任，最终导致自己一事无成。对每一个人来说，责任感都是安身立命的基础。在一个人的成长过程中，需要学的东西很多，其中，学会承担责任是塑造良好个人品格必不可少的一项。正如英国心理学家维克多·弗兰克所说：“每个人都被生命询问，而他只有用自己的生命才能回答此问题，只有以‘负责’来答复生命。因此，‘能够负责’是人类存在最重要的本质。”

在现实生活中，很多爸爸以“认真、负责”来要求自己，却没有要求孩子也这样做，甚至还会将孩子的责任统统大包大揽到自己身上，让孩子在不知不觉中养成推卸责任的习惯。比如，家里的活舍不得分给孩子一点，自己多累都要把家务全部包揽，孩子则在旁边清闲地玩耍；孩子吃饭时把桌子上的碗碰翻了，爸爸连怪自己没放好；孩子绊倒了，爸爸赶快哄，动不动就说“地板坏、怪地板”。而在爸爸这样的“袒护”教育之下，孩子会变成什么样呢？生活中，我们会看到很多不负责任的孩子：有些孩子很难将一件事情从头做到尾；有的孩子对同学、家人漠不关心；也有很多孩子在家里什么都不做，俨然一个“甩手小掌柜”……一位西方儿童心理学家针对这一现象，曾经大发感慨：“我不能理解父母们为什么要教育他们的孩子推卸责任。一个不懂得承担责任的人是不会有任何出息的！”

可见，爸爸爱孩子的方式，并不是把孩子保护起来，什么都不让他承担；而是要把孩子推出去，让孩子离开自己的保护，学着去担当、去负责。

★ 让孩子学着对自己的生活负责

习惯在家中做“甩手掌柜”的孩子，对其他事情往往也很难有发自内心的责任感。所以，爸爸平时不要总替孩子包办事情，而应该让孩子学会“自己的事情自己做”。除此之外，孩子作为一名家庭成员，还应该承担一部分家务，这是一个培养责任感的好方法。

如果爸爸有时间，可以将这件事情“具体化”，明确告诉孩子哪些事情应该自己做，哪些事情需要请大人一起配合完成。划分之后，重要的是爸爸必须按照规矩来执行，也就是说，对于应当由孩子自己完成的事情，爸爸要“袖手旁观”；对于需要孩子参与的事情，爸爸则不能“独揽大权”。

分担家庭事务是孩子学着负责任的一个起点，在家里做好小事，将来在外才能处理好大事。

★ 孩子要对自己的言行负责

做一个负责任的人，其中有一个很重要的要素，就是不能“信口开河”，而要对自己说的每一句话负责任。这时爸爸要起到监督的作用，如果是孩子许下的承诺，那么一定要催促他去完成。如果孩子喜欢说大话，而且屡教不改，爸爸不妨让孩子“吃一次亏”，让他从教训中受教育。

彬彬有个不好的习惯，那就是每次出门都吵着要爸爸给自己买玩具。如果爸爸不买，他就“威胁”爸爸：“我得不到玩具，回家之后我就一天不吃饭！”前几次，爸爸都因为害怕彬彬真的绝食而妥协。后来，爸爸觉得有必要改掉彬彬这个威胁的毛病，于是，有一次故意不给彬彬买玩具，并且在彬彬说完“一天不吃饭”的“狠话”后，立刻接话道：“好的，我记住了。那么你接下来的一天里真的一点饭都不能吃。”彬彬这时还气鼓鼓地说“谁怕谁”，但当他晚上回到家，发现自己真的没饭吃之后，立刻对自己说过的话后悔了。

第二天一早的时候，彬彬的肚子已经非常饿了，他恳求爸爸让自己吃饭，并承认自己是说着玩的，以后再也不这样说了。爸爸这次却非常严厉地说：“不行，既然是你说出来的话，就一定要负责。”他想，饿三顿或许是严重的惩罚，但这个惩罚会让彬彬印象深刻，再也不会犯乱说话的毛病。

饿了一天之后，彬彬真的从这件事里得到了教训。从那之后，他说话之前都会先思考清楚。

18 世纪法国教育家卢梭说过：“儿童所受到的惩罚，应是他的过失所带来的自然后果。”当爸爸无法教育孩子对自己的言行负责时，不妨让他们承受乱说话、乱做事带来的惩罚，孩子会从这个惩罚中知道什么叫“负责任”。

★ 孩子要为所犯的错误付出代价

1920 年的一天，一名 11 岁的美国男孩在踢球时不小心打碎了邻居家的玻璃，邻居很生气，向他索赔 12 美元。在那个年代，12 美元并不是一个小数目，对一个普通家庭来说是一笔较大的开支。男孩自知闯了祸，回到家后对父亲说了事情的经过。谁知，父亲并没有责骂他，而是平静地说：“既然你打碎了人家的窗户，就要自己负责去赔偿。”

男孩有些为难:“可是我哪有那么多钱赔给人家呢?”父亲想了想,拿出12美元说:“我可以先把钱借给你,但一年之后你必须还给我。”男孩有了“债务”,不得不开始打工赚钱;经过半年的努力,他终于攒够了12美元。他拿到12美元的这一天,异常兴奋且激动,郑重地将钱交到父亲手里。从这时开始,男孩知道了什么叫对自己的言行负责。

这个男孩就是日后成为美国总统的罗纳德·里根。

孩子犯错误,其实是爸爸教育他负责任的一个良好契机。爸爸可以引导并鼓励孩子勇于承担责任,而不是替孩子弥补过失。这样,孩子就会形成责任感,负责任的意识也会得到强化。

【忙爸爸一分钟教子金句】

责任有时代表着一个人的能力。一个人能承担的责任越多,说明他的实力越强。而爸爸要做的,并不是简单地将孩子保护起来,而是放手让他去承担责任,让他在负责任的过程中变得越来越强。

第四节

挫折成就能力，孩子应适当吃点苦

在《爸爸去哪儿》第一期开始的时候，节目组似乎要给所有的老爸和孩子一个“下马威”，第一站就带他们来到了北京灵水村——一个条件非常艰苦的地方。在这个地点摄制，其实能看出节目组的用心：让平时娇生惯养的宝贝们，体会一下农村的生活，吃点苦。

果然，有几个小朋友被这里吓到了，他们苦恼不已，一会儿嫌房子破，一会儿嫌到处弥漫着动物的臭味。有洁癖的天天干脆拒绝进去看房子，而森碟则哭着说：“我不要住这么破的房子！”其实，这恰巧体现了节目组安排的初衷，那就是让平时生活安逸的孩子们体会一下“苦日子”，让他们了解这个世界上并不只有快乐和富有，自己的人生也不可能一直在顺境中度过，每个人都需要经历一番辛苦。现在让孩子感受一下困境的存在，锻炼他们的意志力，远比他们长大了再感受要好得多。

而孩子们的适应能力其实也是老爸们没有想到的，还不到一天，他们就已经接受了这里的环境，而当找食材的任务派发下来的时候，孩子们都表现得非常积极。这一次的旅行，让他们知道了什么叫吃苦，什么叫自力更生。

现在的孩子大多都生活富足、集万千宠爱于一身，他们的成长顺风顺水，要什么有什么，意识不到自己将来一定会面对一些逆境的事实，当然也就很难有战胜困难的能力。因此，现在的孩子都是这样一种状态：习惯“不劳而获”，心安理得地享受别人做好的一切；自私固执，自己想要的东西就会通过哭闹等各种手段得到;解决问题的能力很差，甚至有些到了成年还不会做饭、不知道去哪交电费；经受不起一点挫折，被老师训斥两句就感觉“天崩地裂”，和别人相处稍有不顺就翻脸……

这些都是“温室”教育的不良后果，在孩子小的时候也许只会产生以上的结果，但当孩子长大之后，他将是一个经不起一点风吹雨打的人，懦弱、自私、胆怯、经不起挫折，都将是他人生的大包袱。所以，爸爸一定要改变自己的教育方式，适当让孩子吃一点苦。

★ 别让孩子成为温室里的花朵

在孩子的成长过程中，很多爸爸习惯帮孩子打理他的生活。也许爸爸觉得，做家事对小孩子来说太难，与其看着他发愁，不如帮他做了。但爸爸对孩子事情的包办，并不是对孩子的爱，反而是害了孩子。如果孩子小时候不懂打理家事，他长大后可能依然没有能力做家务;而连自己的生活都照料不好的人，何谈能做好事业呢？所以，爸爸千万别让自己的孩子成为温室里的花朵，让孩子去学着处理自己的事情，这才是对孩子最好的爱。

美国有一位叫格蕾·施吕特的妈妈，她养育了4个8～14岁的孩子。这些孩子终日只知道看电视、玩游戏，不肯帮妈妈干活，甚至连做功课也提不起劲，每天需要爸爸妈妈不断地呵斥才会勉强去做功课。终于有一天，这位妈妈决定治治这些孩子。

那天，孩子们发现，妈妈在门前竖了一个牌子，上面写着:“妈妈罢工”。孩子们觉得很奇怪，于是去问妈妈怎么回事。妈妈说:“我每天要工作，还要给你们做饭、洗衣服，但是，你们并不觉得妈妈做的这些事很重要，从不肯帮妈妈来做，甚至自己的功课都要妈妈来催，妈妈觉得很累。从今天开始，妈妈要罢工了，我不再为你们做家务活了，你们自己的衣服自己洗，自己要吃什么自己去做。”

妈妈说到做到，真的不再为孩子们做家务。这时，孩子们才发现劳动是多么重要。格蕾·施吕特说：“孩子们终于明白，他们除了看电视外，还有很多事情要做。他们开始懂得用脑子想事情，开始看书、做作业和做家务活。”

当然，并不是说每个爸爸都要采取这样的方式来逼迫孩子做事，但这位妈妈的确用行动向我们印证了一个道理：只有孩子自己去做事的时候，他们才会有深刻的体会。而总是由大人包办一切的孩子，就会觉得“饭来张口，衣来伸手”是理所应当的，因此也会逐渐成长为一个依赖性强、不爱动脑的孩子。

★ 适当给孩子制造点“困难”

日本教育界有一句名言：“除了阳光和空气是大自然的赐予，其他一切都要通过劳动获得。”这句话透露了日本人的教育理念，那就是一定要让孩子吃苦、劳动、受挫，培养自食其力的能力。日本电视中曾有过这样一档节目：让一个6岁的儿童独自去10公里外的一个亲戚家，并将母亲化装成一个陌生人，看着这个孩子如何去找人指路、如何干渴难耐、如何疲惫不堪。悄悄跟随的母亲常会心疼得流下泪来，但也绝不会帮孩子一把。

日本这档节目的做法与《爸爸去哪儿》节目组的安排有些类似，两者都是为了让孩子体验真实的生活而为他们创造了一个情境。很多爸爸觉得这样的安排有些残忍，所以宁愿让孩子在家中过无忧无虑的生活。但实际上，孩子现在有多安逸，将来就可能有多脆弱。

爸爸应该了解到，给孩子一些任务、让孩子受一些挫折，对他们来说其实并不觉得是痛苦的事情，大多时候反而是一种快乐，因为他们在尝试新事物和解决问题的过程中，能力得到了体现，因此内心也会十分欢愉。

【忙爸爸一分钟教子金句】

中国有句话，既可以说成“先苦后甜”，也可以说成“先甜后苦”。这其实都是对人生真实的描述。从小没吃过苦的孩子，将来失去父母的庇护，他们就会在人生的道路上吃苦；而早早锻炼孩子吃苦耐劳的能力战胜困难的勇气，孩子将来的人生将会顺利很多。

第五节

小题不要大作，娇气小孩变坚强

很多爸爸对待孩子的方式比较细腻。当爸爸看到孩子受伤时，往往会把心疼的神色表现在脸上，哪怕只是一点小伤，也会“大惊小怪”。其实，每个孩子在成长过程中都会有伤痛，那些伤痛对孩子来说或许并不算什么大事，但爸爸的过分关注却会将它放大，让孩子也变得娇弱不堪。所以，爸爸即使心疼孩子，也不要在孩子面前过分流露自己的心疼，豁达一些、看淡一些，孩子也会在你的感染下变得坚强、勇敢。

★ 别总把小事放大

每个在父母精心呵护下长大的孩子都难免娇气，不光表现在受一点小伤就哭闹不止，还表现在经受不起生活中的一些改变。比如，当要和爸爸妈妈分开的时候，他们会立刻变成“黏人精”，一点独立性都没有；要让他们去尝试一个小的挑战时，一点勇气也没有；当然，更经不起失败。这些都是不够坚强的表现。而孩子之所以如此，多半是父母对孩子的过度保护造成的。生活中我们不难见到这样的事例：

爸爸带孩子去郊区，孩子被路边的毛毛虫吓到了，爸爸立刻上去踩死它，还说它是“恶心”“可怕”的虫子，于是孩子每次见到毛毛虫都又怕又讨厌；爸爸听说孩子在幼儿园和别的小朋友起了一点小摩擦，立刻抱怨对方没礼貌、不懂事，百般护着自己的孩子，孩子从这之后也经常指责同学“坏”，无法和同学和睦相处；爸爸做家务时，孩子想帮忙，不小心撞到了腿，爸爸立刻说“这个你做不好”“那个会弄伤你”，导致孩子畏首畏尾，再也不敢去尝试、接触事物……

这些“小题大做”的做法，是导致孩子胆小、经不起风雨的直接原因。因此，爸爸要有意识地改变家里这种“小心翼翼”的氛围，适当让自己的教育变得“粗糙”一些，试着忽视那些小事。这样，孩子的心才不会那么娇滴滴，才能慢慢变得坚强起来。

★ 正视伤痛，给孩子承受它的勇气

当孩子即将面对挑战时，让孩子忽视它也是不对的。这可能会导致孩子对事情认识不清晰，同时也会让孩子在面对大的伤痛时不敢正常释放自己的痛苦。爸爸不妨开诚布公地告诉孩子，他将面对什么样的痛苦或挑战，并鼓励孩子勇敢去接受。

“甘地夫人法则”是一个通过挫折教育来培养孩子意志力的指导性法则。印度前总理甘地夫人是一位非常出色的女性。作为领袖，她对印度有着杰出的贡献；作为妈妈，她则是孩子心中最好的导师。

甘地夫人认为，生活是幸福和坎坷的集合，孩子只享受幸福、不感受坎坷，就不能完整地掌控人生。所以，她对孩子的教育，就是要帮助孩子平静地接受挫折，以便他们能在日后从容不迫地应对生活中的各种变化。

甘地夫人的儿子拉吉夫 12 岁时，因病要做一次手术。在手术之前，医生对着紧张、恐惧的拉吉夫说：“手术并不痛苦，你不用害怕。”这虽然是安慰孩子的善意谎言，但甘地夫人却认为，孩子已经懂事，这样的欺骗反而对孩子不好，于是她阻止了医生。随后，她来到儿子

身边，用平静地语调告诉他：“可爱的小拉吉夫，手术后你会有几天相当痛苦，这种痛苦是谁也不能代替的，哭泣或喊叫都不能减轻痛苦，还可能会引起头痛。所以，你必须要勇敢地承受它。”

果真，手术后，拉吉夫没有哭，也没有过多地叫苦，而是勇敢地接受了这一切。

孩子的承受力其实并没有爸爸想象的那样脆弱，孩子也有坚强的一面的。如果爸爸能正确地引导孩子看待伤痛和挑战的态度，让孩子了解困难并有知难而上的勇气，才能达到教育的真正目的。

【忙爸爸一分钟教子金句】

每个人的生命中都会有磨难，爸爸不可能保护孩子一辈子，却可以赋予孩子一个坚强的灵魂。孩子在拥有战胜困难的勇气与直面困难的魄力后，即使经历风雨、承受伤痛，也不会轻易被打倒。

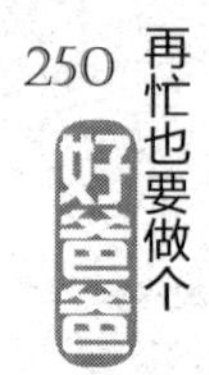

……第六节……

失败不可怕，毅力宝贝敢重来

孩子在成长的过程中，既会有愉快的体验，也会不可避免地遇到各种失败和挫折。挫折是不以人的意志为转移的，也不因为有父母精心的呵护就能够避免。孩子适当受一些挫折，他的承受能力会提高，处事的经验也会增加，以后再遇到同样的问题，解决起来就会更快、更稳妥。

所以，爸爸不要怕孩子受挫或者经历失败，而是应该引导孩子正确看待失败，学会从失败中重新站起来。

★ 鼓励孩子正确面对失败

很多爸爸害怕自己的孩子经历失败后一蹶不振，或者受到伤害，因此总是想将孩子保护在自己的羽翼之下，帮他挡住可能面临的挫折和失败。其实，越是这样保护，孩子就越难有战胜挫折和失败的勇气。因此，爸爸一定要克制住帮助孩子的冲动，给孩子一个独自面对挫折的机会，并给孩子一些时间，让他体味失败的滋味。

教育界的一种理论认为："如果不感到失望，那么永远也学不到什么。"大部分爸爸会帮孩子解决一切问题，这是对孩子爱的一种本能表现。但是，有些无不良后果的问题，还是让孩子自己解决更好。让孩子在失望中懂得如何去珍惜，懂得"失去时再去珍惜已经来不及"的道理。别急着去补救、安慰，即使只是一件芝麻绿豆般大小的小事。正确的做法是告诉孩子，生活中总会出现一些令我们不开心的事情，要勇敢地面对和处理它，跨过这一步，一切又会很美好。这样孩子就会受到鼓励，勇敢地去收拾自己的"烂摊子"。如此一来，孩子不仅学会了面对挫折，还学会了对自己负责任。

★ 告诉孩子：放弃才是真正的失败

爱迪生小时候很迷恋做实验。有一次，他把实验带到火车上进行，结果不小心引发爆炸，差点酿成严重的事故。列车长对此很愤怒，他狠狠地打了爱迪生一个耳光，导致他的一只耳朵从此失去了听力。后来有人问爱迪生对此事的想法，他说：“这样好了，我可以安心做实验了。”

还有一次，爱迪生的实验室着火了，瞬间化为一片废墟。但是，爱迪生依然很乐观，他说：“灾难自有它的价值，这不，我们以前的错误被大火烧得一干二净。感谢上帝，这下我又能从头再来了。”

后来，有人采访成功后的爱迪生，他说：“成功的秘诀很简单，无论何时，不管怎样，我也绝不允许自己有一丁点的灰心丧气。”

从爱迪生的事例中我们可以得出这样一个结论：所有的挫折和失败都不足以打倒我们，只有我们自己宣布放弃时，这件事情才是真的失败了。当孩子面对失败而灰心时，爸爸不妨告诉孩子，只要选择重新再来，那就还没有失败，自己依然在追逐成功的道路上，并且离成功更近一步了。

★ 爸爸的贬低会让孩子害怕失败

每个爸爸都会望子成龙、望女成凤，因此常常犯“爱之深、责之切”的错误。之所以说这是一种错误，是因为爸爸对孩子的责怪、贬低，不会起到任何激励孩子的作用，反而会让孩子对失败更加耿耿于怀、不敢尝试，害怕在失败之后再次遭受爸爸的奚落。

周哲上小学三年级的时候，第一次报名参加学校的跑步比赛，谁知道他出师不利，竟然拿了最后一名。回到家之后，周哲很不高兴地向爸爸讲述了自己在运动场的失利，爸爸不但没有安慰他，反而奚落道："就你这体格，还有这个野心呢？我看你这个成绩不是发挥失常，是挺正常的。"说完还笑了两声。周哲又羞愧又懊恼，转身回房间去了。

四年级时，周哲代表班里去参加区里的英语竞赛，在低年级组中拿了第四名。周哲很高兴地拿着奖状回到家，满心欢喜地将奖状贴在墙上。这时爸爸从旁边经过，没有夸奖他，反而说了一句："第四名？是不是只有四个人参加？你看隔壁小陶家里，贴的都是第一名、第二名的奖状……"周哲没有再听下去，十分愤怒地撕掉了奖状。

从那之后，周哲参加课外活动和比赛的积极性低了很多，在他的心里，自己即使参加了也是白浪费力气，最终迎接自己的都是爸爸的奚落。

孩子的心理发育尚不健全，面对失败本就没有足够的承受能力，这时如果爸爸再贬低、奚落孩子，那么孩子就等于面临"雪上加霜"的窘境。如果爸爸经常这样嘲讽孩子，那么孩子就会对尝试失去兴趣，甚至产生抵触心理，因为他们会害怕失败，以及失败后爸爸的冷嘲热讽。所以，在孩子失败的时候，千万不要和孩子开那样的玩笑，即使爸爸觉得没什么，但对孩子来说是火上浇油的打击。

正确的做法首先是安慰孩子，告诉他失败是很正常的，接着应该引导和帮助孩子从失败中总结经验教训，让孩子知道失败的原因在哪里。对于比较小的孩子，爸爸可以给他反复做示范，或者帮他一起重来一次；而对大一些的孩子，爸爸可以用语言来引导，让孩子知道自己错在哪里、如何改正。当然，当孩子做对之后，爸爸一定要立刻表扬，让孩子重拾自信。这样，孩子在面对下一次挑战的时候才会勇于尝试，而不是止于对失败的恐惧。

【忙爸爸一分钟教子金句】

孩子第一次经历挫折的时候，都会产生严重的挫败感。这时，爸爸要用温柔的语言让孩子知道，挫折是不可躲避、不可转让的，却是可以战胜的。只要孩子有再来一次的勇气，不轻易放弃，那么就是走在追逐成功的路上了。

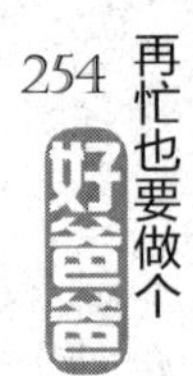

……第七节…………………

果敢决断，犹豫的脚步走不出精彩

在职场打拼的爸爸都明白这样一个道理：一个人要想成功，除了智力、才能、性情，还有一点很重要，那就是决断的魄力。一个果敢决断的人，能够看准机会、抓住机会，让机会变为成功的入口；而优柔寡断的人，本事再强、遇到的机会再多，最后也会因为不决断，只能看着机会从身边溜走。

有个6岁的小男孩，一天在外面玩耍时，发现一个小鸟巢被风从树上吹落在地，从里面滚出一个嗷嗷待哺的小麻雀。小男孩决定把它带回家喂养。当他托着鸟巢走到家门口时，突然想起妈妈不允许他在家里养小动物。于是，他轻轻地把小麻雀放在家门口，走进屋去请求妈妈。在他的央求下妈妈终于破例答应了。但当小男孩兴奋地跑到门口时，小麻雀已经不见了，他看见一只黑猫正意犹未尽地舔着嘴巴。小男孩为此伤心了很久，但从此他记住了一个教训：只要是自己认定的事情，决不可优柔寡断。这个小男孩长大后成就了一番事业，他就是华裔电脑名人——王安博士。

一个果敢决断的人，才能抓住稍纵即逝的机会，缔造自己的成功。

法国18世纪著名的政治家、军事家，法兰西第一帝国和百日王朝的皇帝——拿破仑·波拿巴，最初也只是一个小小的尉级炮兵军官。他之所以能登上帝位，就是因为抓住了一次得来不易的机会。

1793年，他去前线参加进攻土伦的战役。当时，土伦防守严密，前线指挥官感到进攻非常吃力。拿破仑抓住这个机会，直接向特派员萨利切蒂提出了自己的作战方案。这份方案非常有新意，并且看上去很可行。于是，特派员立刻任命拿破仑为攻城炮兵副指挥，并提升其为少校。拿破仑抓紧机会，精心谋划、勇敢作战，在这次战争中显示出了自己的才华和勇猛，最后终于攻克了土伦。这次战役之后，他被破格提升为少将旅长。这便成为拿破仑人生的转折点，他从此青云直上，最终登上了权力的顶峰。

有才华的人很多，但能把握机会的人并不多。如果不想让孩子因优柔寡断而埋没才能，那么就一定要培养孩子果敢决断的品质。据心理学研究表明，一个人不果断性格的形成，可以追溯到他的童年，很可能是受周围环境及父母影响的结果。所以，培养孩子的果敢，一定要从小就重视。

★ 降低孩子的依赖性

经常依赖父母的孩子，平时不需要自己做决定，当他真正面对抉择的时候，就会没底气，不敢下结论。所以，培养孩子自信、自立、自强、独立性是非常重要的。

英国人非常注重培养孩子独立、勇敢和坚忍的性格，因为他们深知，勇气是孩子主动进取、果敢行事的源泉。英国父母常常带着自己的孩子去探险，深入到大自然中，在险恶的环境中生存，目的就是锻炼孩子的意志和勇敢精神，让其变得自信，面对事情果敢坚毅。在生活中，英国的父母也很少帮孩子决定事情，凡是觉得孩子能够做主的，都会放手让他们自己去决定。他们认为，如果父母经常参与孩子的决策，定会影响孩子的判断，让他们变得摇摆不定。长此以往，他们就会被优柔寡断的性格缺陷所困扰。

所以，爸爸不要为孩子包办一切，要尽可能地多创造机会让孩子自己做决定。平时经常自己拿主意的孩子，到了关键时刻也不会胆怯和犹豫。

★ 增强孩子的自信

遇事犹豫、胆怯，其实说到底还是因为孩子不够自信。如果一个孩子充满自信，在遇到事情时相信自己可以独立做决定，也相信自己不会让事情变得更糟，可以为后果负责，那么他就不会举棋不定。所以，爸爸帮助孩子克服优柔寡断的第一步，就是要让他的自信心变得更强，而增加自信的前提则是让他掌握足够的知识，传授给他足够多的生活经验。心理学认为，人的决策水平与其所具有的知识经验有很大的关系。一个人的知识经验越丰富，其决策水平就越高；反之则越低。

★ 设置情景，引导孩子做决策

孩子遇见事情的时候犹豫不决，很大一个原因是他们的经验太少，所以会手足无措。因此，爸爸帮助孩子提高决策能力的方法，就是提前给孩子打“预防针”，给孩子假设一些特殊的情境，引导孩子做出虚拟的决策。这样当孩子真的遇到类似事件时，他就会对自己的决策更有信心。正如学校经常进行“火灾逃离演习”一样，一旦真的发生火灾，孩子们在第一时刻就会知道怎么做。

比如，爸爸可以帮助孩子模拟以下几种情境：玩游戏时，有小朋友突然摔伤；在家里时，突然有人晕倒；在学校老师选拔运动会选手时，自己是否主动参加……当孩子说出自己的答案时，如果有不妥的地方，爸爸可以进行引导，指导孩子做出正确的选择。

总之，让孩子做事果断的关键，就是让他有自己的想法，敢于思考、敢于决定、敢于承担。这样的人，将来面对大事做决策时才不会畏首畏尾。

【忙爸爸一分钟教子金句】

要想让孩子变得果断，爸爸要记住两个原则：一、宁可让孩子犯一些小错，也别剥夺他的自主权；二、孩子经验不足时，爸爸可以给他无数的经验，但不要帮他做出一个决策。

第九章

育性情

陶冶性情，孩子的一生从容而快乐

如果说能力决定一个人的地位有多高，那么性情将决定一个人会有多快乐。地位并不代表幸福，快乐才是人生最终的追求。要想给孩子一个精彩的人生，最好的方法就是赋予他一个恬淡、优雅、从容的性情，让孩子拥有创造快乐的能力。

……第一节……………………

不抱怨，不为无法改变的事情而烦恼

生活中有很多大人都是“抱怨狂”，不是抱怨交通拥堵、工作太累、薪水太低，就是抱怨疾病困扰、子女叛逆、爱人不体贴……我们总有抱怨不完的事情。也许有人会说，生活中的确存在这样的烦恼，我们才会抱怨。而本该是无忧无虑的孩子，却也在大人的影响下成了“小抱怨狂”，他们抱怨爸爸妈妈不理解自己、抱怨玩的时间太少、抱怨作业太多、老师太严厉等。

事实上，生活真的这样糟糕吗？或者说，那些喜欢抱怨的人真的时刻都在遭遇不幸吗？其实不然。只是这些人将注意力放错了地方，沉浸于懊恼和不满中无法自拔。更可悲的是，他们将这种抱怨传递给了自己的下一代，让孩子也在抱怨中成长。无数事实证明，抱怨不会给生活带来任何改善，它只是一种负面情绪，只能使人徒增烦恼，并且会因此失去很多努力的机会。

抱怨是百害而无一益的。如果发现自己的孩子已经有了爱抱怨的苗头，那么就一定要多引导孩子正确看待问题，不抱怨、不逃避，积极想办法去解决问题。

★ 让孩子明白抱怨不会改变任何事情

在《爸爸去哪儿》中，张亮一直是一个懂得用换位思考的方式来教育孩子的爸爸。在湖南平江的一次活动中，张亮又用这种方式教给天天这样一个道理：不要为无法改变的事而抱怨。

在这里，节目组组织孩子们各自挑选一只猪，赶着它跑过布满障碍的赛道，看谁最快到达终点。比赛开始了，其他爸爸和小朋友都牵着猪快速向前跑，唯独天天的猪不肯配合，好不容易赶了几步，它还尖叫着退了回去。看着小朋友一个个到达终点，天天非常沮丧，坐在地上看着猪抱怨了几句，然后对张亮说："爸爸，我想换一只。"一向对孩子很淡定的张亮这次有点不悦："挑选好的猪怎么能换呢？这是节目组的规定，是不能改变的。打个比方，我生下了你，但有一天我觉得你这个小孩不太好，我能把你换了吗？"天天摇了摇头，接受了这个不能改变的事实，再也没有抱怨一句。

就像那句老生常谈的话——不要为打翻的牛奶而哭泣，世界上有很多事情是不能改变的，抱怨再多也无济于事。爸爸要让孩子明白，在不能改变的事情面前，收起抱怨，想办法去接受、去改变才是明智的做法。

★ 先弄清事实，不要张口就抱怨

有一个年轻的农夫，划着小船，给另一个村子的居民运送自家的农产品。由于天气酷热难耐，不一会儿，农夫就汗流浃背了。他心烦意乱，只想赶快完成运送任务，尽快返回家中。突然，他发现有一只小船迎面向自己快速驶来。眼看两只船就要撞上了，但那船却丝毫没有避让的意思，似乎是要有意撞翻农夫的船。

"快点让开！你这个白痴！"农夫大声向对面的船吼叫，"再不让开，你就要撞上我了！"但农夫的吼叫完全没有作用，眼看两船就要相撞，农夫只好手忙脚乱地企图让开水道，但为时已晚，那只船还是重重地撞了过来。农夫被激怒了，他厉声斥责道："你会不会划船？这么宽的河面，你竟然撞到了我的船上！"农夫生气地抱怨了一通后，却吃惊地发现，小船上空无一人，听他大呼小叫的，只是一只挣脱了绳索、顺河漂流的空船……

生活中很多孩子也会犯这样的错误，遇到不顺心的事情时，还没弄明白真相，就已经开始埋怨别人、发脾气了。虽然这与孩子情绪易冲动、思想简单、缺乏经验有关，但如果不加以阻止，孩子会养成这种抱怨的习惯。因此，当爸爸看到孩子在抱怨时，首先应该立刻制止他，接着引导孩子去弄清事情的真相。当孩子发觉真相不值得抱怨时，爸爸要及时教育孩子：抱怨没有任何用处，有时甚至是愚蠢、无知的。在遇到事情的时候，首先要去确认它的真实性，然后再寻求解决办法。

★ 有时间抱怨，不如立刻去做事

冈仓天心被誉为明治时期的“美术之父”，他后来的成就与一个偶然的“人祸”密不可分。那时，他临近大学毕业，终于完成了毕业论文。然而，就在提交论文的前夕，他的妻子突发癔症，把他辛辛苦苦完成的论文投入了火中，论文顷刻间化为灰烬。那个年代可不像今天有电脑文档可以备份，手写稿没了就是没了。冈仓天心无论如何也不可能在一周时间内重新把论文写一遍！

濒临崩溃的天心勉强振作精神，改弦易辙，重新构思了一篇美术评论。让他大出所料的是，那篇文章居然获得了极高的评价，他也从此走上了美术评论的发展道路，并且创造了个人事业的辉煌。真可谓“因祸得福”。

世界上随时随地都在发生令人不快的事情，如果我们想抱怨，那么可以找到无数个理由。但抱怨不会让问题得到解决，也不会让生活变得更好，相反只能让问题更糟糕、生活更不如意。所以，爸爸要让孩子明白，与其抱怨，不如立刻行动起来去做些有用的事。生活永远是在行动中变好，而不是在抱怨中得到改善的。

【忙爸爸一分钟教子金句】

孩子有爱抱怨的倾向，爸爸第一时间要检讨自身。只有做一个不抱怨的爸爸，才能真正让孩子改掉抱怨的习惯。抱怨就像一剂毒素，只会带走人的精力、积极性和热情，不会带给人任何好处。

第二节

教孩子不生气，好爸爸培育“快乐小天使”

爸爸要想赋予孩子一个好的性情，很重要的一部分就是让孩子学会做一个快乐的人，不轻易生气。有一句话叫“生气1分钟，你就失去60秒的快乐”。的确，生气是快乐的天敌，爱生气的孩子将来生活质量一定不会高，至少在精神上是不愉悦的。不仅如此，生气还会影响判断力，使人容易做出不明智的决策；生气也同样会影响人际关系，让自己成为别人敬而远之的“气筒”。

1965年9月7日，世界台球冠军争夺赛在纽约举行。著名的台球选手路易斯·福克斯一直远远领先于对手，只要再得几分便可登上冠军宝座。

然而，轮到路易斯打球的时候，一只苍蝇落在了主球上。一开始他并没有在意，一挥手赶走了苍蝇。可他再次俯下身准备击球时，那只可恶的苍蝇又落到了主球上。

路易斯又去赶苍蝇，这时他的情绪明显受到了影响，而那只苍蝇好像故意跟他作对似的，他一回到台盘，它也跟着飞回来，惹得在场观众哄堂大笑。路易斯的情绪恶劣到了极点，终于失去冷静和理智，愤怒地用台球杆去击打苍蝇，一不小心球杆碰到主球，被裁判判为击球，从而失去了一轮机会。

这一轮击球结束后，路易斯方寸大乱，连连失利；而本以为败局已定的对手约翰则越战越勇，最终赶上并超过路易斯，夺得了冠军。

这件事情到此并没有结束，谁也没有想到路易斯会因为这次比赛而走绝路——第二天早上，路易斯的尸体在河里被发现：他投河自杀了。

爱生气，会让你失去很多原本属于自己的美好。所以，教育孩子不生气，是爸爸应该尽早提上日程的功课。

★ 让孩子学会转移注意力

让孩子学着在情绪不愉快的时候转移注意力，这比较适合年龄较大、能控制自己情绪的孩子。爸爸可以教孩子这样两个方法：第一，当遇到令自己生气的事情时，先深呼吸半分钟，再用平和的语言去向别人倾诉或者与别人沟通，千万不能带着情绪与别人交谈；第二，当孩子找不到人沟通的时候，也不要自己一直生闷气，找点令自己愉快的事情去做，比如看看动画片、听听音乐等。

★ 对经常生气的孩子进行适当的惩罚

如果孩子经常生气，并且教育多次也没有效果，爸爸不妨用合适的方式来惩罚孩子一次。比如，孩子无理取闹、蛮不讲理时，爸爸可以和全家人商量好，“隔绝”孩子，在孩子没有认错或者用平和的语言与大人说话之前，大家都不跟他交流，也不回应他的胡闹。这样，孩子就会明白，乱发脾气会导致别人都不理睬自己，便能逐渐改掉这个毛病。

另外，爸爸也可以用“以其人之道还治其人之身”的方法对孩子“小惩大诫”。比如，假如孩子总是喜欢用生气的态度和口吻与别人交流，那么爸爸不妨在某一个时间段也用这样的态度对待孩子；假如孩子不高兴或者有疑问，爸爸就要趁机教育他：经常生气，用不好的态度与别人交流，不但对事情没有丝毫帮助，还会让别人对自己产生讨厌的感觉。所以，无论在什么状况下都不要轻易生气，要尽量用平静的态度来面对和解决问题。

★ 教育孩子，也别忘了让他知道“爸爸爱他”

很多爸爸在教育孩子的时候会露出比较严肃的一面，也许爸爸觉得这样才能达到目的，但实际上却有可能让孩子误以为爸爸不再爱自己，进而产生强烈的恐惧感。因此，爸爸在教育孩子的同时，有必要让他知道爸爸不会不爱他，只不过不喜欢他这样的行为而已。

在《爸爸去哪儿》中，细心的观众可能会在节目中看到王岳伦教育女儿“不要发脾气”的几次情境。一次，王诗龄又噘起嘴，耍起了脾气，还把衣服扔在地上，王岳伦立刻批评她说：“生气是不好的。你总这样发脾气，别的小朋友就不喜欢跟你玩了。爸爸和妈妈不是都说过，不喜欢你这样发脾气的吗？”王诗龄被爸爸“训”了后，伤心地哭了起来，还哭着保证自己下次不再这样。王岳伦这时又温柔地把她抱在怀中，安抚地说：“好了，不哭了。爸爸爱你。”这正是王岳伦考虑周全的教育方法：先制止女儿发脾气的行为，再告诉她发脾气是错的。道理讲清楚后，他又让女儿保证以后不再这样。女儿哭着保证后仍然很伤心，爸爸最该做的就是去安抚女儿。因为这时女儿已经认识到了自己的错误，并保证不再犯，她还在哭是因为刚刚受到了爸爸的批评，生怕爸爸从此不爱自己了。王岳伦这时抱住女儿，告诉她“爸爸爱她”。在批评女儿的时候，同时也要让女儿知道爸爸不会因此而不爱她，这样可以让女儿感到安全和放心。

还需要注意的是，爸爸教孩子学会控制、疏导自己的情绪，是为了让孩子的心智更加成熟。不过，凡事都不能太过，否则就会矫枉过正。如果孩子的确遇到了不开心的事情，需要发泄情绪，爸爸也不能一味要求他忍住。在该收的时候教孩子收敛情绪，在该放的时候教孩子合理发泄情绪，这样才有益于孩子的身心发展。

【忙爸爸一分钟教子金句】

生气无论对于大人还是孩子来说都是身体和精神上的毒素，经常生气的人难有大成就，更难有愉快的人生。爸爸要让孩子学会控制自己的不良情绪，成长为一个心智成熟、快乐豁达的人。

……第三节………………

心胸豁达，宽容的孩子更幸福

人生在世，离不开与别人沟通、交往和相处。如果一个人心胸狭窄，那么他就会常常表现出一种吝啬小气、斤斤计较、输不起的态度。别人伤害了自己，他们往往很难释怀；别人批评了自己，他们更是会长久地记恨在心；别人比自己强一些，他们会处处觉得难受……在这种处世态度的影响下，这类人的人际关系当然不好。

此外，一个人的胸怀，也直接决定着自己的幸福程度。

美国加州有两个少年联手搞了一场恶作剧，把一个林场点燃了。消防大队随后赶来，慌乱地扑救火灾。两个少年正在得意自己的“成果”，却不想有一位消防员在这次扑救行动中丢掉了性命。

牺牲的消防员只有二十二岁。从小失去父亲的他，由母亲含辛茹苦地带大。他渴望早日独立，好好回报自己的母亲，却连第一次薪水还没有领到，就已经撒手人寰。对于那位母亲来说，丧子之痛又将是如何剧烈。

抓住两个少年之后，人们愤怒的神情像火一样包围了他们。那眼光似乎在说：“你们如何面对那位年迈的母亲？”两个少年也被自己的恶作剧吓住了，他们没想到会造成这样严重的后果。可他们现在后悔已晚，只能在恐慌之中等待那位母亲的谴责。

谁知，消防员的母亲赶到之后，说出的第一句话让所有人震惊：“我很伤心看到我的儿子离开了我，但是我现在只想对制造灾难的两个孩子说，‘你们现在的感觉一定很糟糕。我不想再谴责你们，我只想说，请你们回家吧，家里还有等待你们的父母。只要你们这样做，我就会宽恕你们……'”

一个人宽容处世，表面上看上去好像是为别人让步、受了委屈，但实际上真正获益的将是自己。而心胸狭窄的人，表面上好像不原谅别人、无法接纳别人，其实他们为难的最终还是自己。所以，爸爸一定要将孩子教育成一个心胸宽广的人，这样他才能获得幸福的人生。

★ 爸爸用自己的宽容去影响孩子

决定孩子胸怀的首要因素，或者说先天因素，就是身边大人的行事方式。如果爸爸在生活中是一个很宽厚的人，很少和人斤斤计较，遇到事情能够忍让，那么孩子也会在无形中被这种品质感染；相反，如果爸爸小肚鸡肠，凡事必较真，孩子也会变成一个狭隘的人。所以，爸爸在家里做每一件事、说每一句话时，都要慎重一些，用自己的行为给孩子树立好的榜样，别因自己一时的情绪给孩子做了错误的示范。

★ 让孩子在和他人交往时学会退让

在家庭中，孩子享受着一家人的宠爱，遇到事情大人总会让着孩子，把孩子的感受放在第一位。这有可能让孩子形成一切以自我为中心的习惯，因而在外面与别人接触时也总考虑自己，不愿顾及他人，这就可能导致孩子人际关系恶化。

某个心理学专家曾经调查过二十个家庭，发现有十三个家庭的孩子处于被娇宠的成长环境中；另外七个孩子受到的教育则比较开明。专家对这二十个孩子进行了跟踪调查，发现七个开明家庭培养出来的孩子，心态都比较积极，做事认真，遇到问题能够想办法解决，和周围人的相处也不错；而那十三个孩子，则表现出强烈的以自我为中心的姿态，遇事很少为他人考虑，但凡事情没有达到自己想要的结果，就会生气、发脾气。

在社会中与别人接触，人与人之间难免会有一些摩擦。如果一个人每次遇到事情都要争个高低，针锋相对，那么他的人生一定是充满矛盾和不快的。因此，爸爸应该告诉孩子，遇事不妨退一步，忍让一下，能宽容别人的地方要尽量宽容，这样既能给自己一个好心情，又能为自己赢得良好的人际关系。

★ 让孩子少一分比较的心

很多时候孩子无法宽容别人，是因为总是在下意识地和别人比较，一旦发现自己不如别人，嫉妒心理就开始作祟，下意识地会排斥对方、讨厌对方。如果孩子无论遇到谁，都喜欢跟对方一较高低，那么他将永远无法和别人做真正的朋友，甚至无法和别人长时间相处。所以，爸爸要让孩子懂得，生活中可以允许比较和竞争，但处处跟人比较的话，就会无法获得真正的友谊，只会招来大家的厌恶。只有真诚、诚恳地与别人交往，才能得到真正的友谊。

另外，即使是在参加比赛时，爸爸也要让孩子明白：比赛最重要的不是比出个高低，而是从中学到经验、交到朋友。

在英国人的教育理念中，心胸开阔被视为是最重要的。比如，在英国学校的各类比赛之中，虽然“输赢”二字常被人们挂在嘴边，但孩子被灌输的思想是更重视比赛的过程。比赛场上，老师每次都会给孩子传达这样的信息：你可能会赢，但你不会永远都赢。所以你不要过于在意输赢，注重享受参与的过程。因此，孩子们更看重的是选择自己喜欢的比赛，而不会过多地纠结于最终的结果。

教孩子拥有一个宽阔的胸怀，还要让孩子懂得反思。遇到不愉快的事情，要考虑自身是否有问题，不要将错误全都归结在别人身上。只要孩子自信、自知，远离自私，那么离快乐就不会远。

【忙爸爸一分钟教子金句】

美国著名的文学家艾默生说过："宽容不仅是一种雅量、文明、胸怀，更是一种人生的境界。宽容了别人就等于宽容了自己，宽容的同时，也就创造了生命的美丽。"所以，爸爸教孩子宽容，绝不是让孩子吃亏，恰恰是一种让孩子迈向成功、获取幸福的大智慧。

……第四节……………………

伸出友爱之手，拥有好人缘的人运气不会差

一个乐于帮助别人的人，与他人相处时总是抱有一种关心的姿态，能在别人需要帮助的时候伸出援手。这样的人，必然会得到别人的喜爱和感激。而乐于帮助别人的人，其实也是最容易拥有好人缘的人。因为帮助别人的过程其实也是向对方表达自己的关心，这会让彼此之间的距离迅速拉近，获得真挚的感情。

爸爸应该让孩子知道，无论在什么年代、什么地方，帮助别人总不会错。并且，这种美好的品德终有一天也会让孩子受益。

★ 乐于帮助别人的人也会得到别人的帮助

在美国东部的一个风雪交加的夜晚，推销员克雷斯的汽车坏在了冰天雪地的山区里。他焦急万分，如果不尽快离开这里，他很可能被活活冻死。

幸运的是，他遇到了救星——一个骑马的中年男子刚好经过这里，这个男子用马将克雷斯的汽车拉出了雪地，并一直将他送到了一个小镇上。

脱离险境的克雷斯十分感激这名男子，他掏出身上所有的钱，想以此表示感谢。但那个中年男子拒绝了，他认真地说："我不求回报，但我想让你给我一个承诺——当别人有困难的时候，你也要尽力去帮助他。"

在后来的日子里，克雷斯将这句话当成自己的座右铭。他尽力去

帮助身边的人，并在对方要感谢自己的时候，将那个男子的话一字不差地告诉对方。

帮助别人的人在遇到困难的时候，更容易得到别人的帮助；而对别人冷漠的人，在需要别人帮助的时候则可能被冷落。爸爸应该教育孩子，在力所能及的情况下多帮助别人，总有一天这股流动的暖流也会传递到自己身上。

★ 乐于帮助别人的人更好运

很多年前，在一个风雨交加的晚上，有一对老夫妇走进一家旅馆订房。

"很抱歉，"柜台后一位年轻的服务生说，"我们这里已经被参加会议的团体包下了。"看到老夫妇一脸的失望，又考虑到外面正在下暴雨，服务生又赶紧说："先生、太太，在这样的一个夜晚，我实在不敢想象你们离开这里却又投宿无门的处境。如果你们不嫌弃的话，你们可以在我的房间里住一晚，那里虽然不是豪华套房，却十分干净。我今天晚上要在这里加班工作。"老先生和老太太如释重负，谢过服务生后，就住进了他的房间。

第二天，当老先生下楼来付住宿费的时候，那位服务生婉言谢绝了，他说："我的房间是免费借给你们住的。"

几年之后的一天，这个服务生忽然接到那位老先生的来信，老先生邀请他到曼哈顿区见面，并附上了往返的机票。几天以后，服务生来到了曼哈顿，在一幢豪华建筑物前见到了老先生。老先生指着眼前的建筑物解释说："这是我专门为你盖的酒店。"

这家酒店后来在美国极负盛名，这名服务生也就成了酒店的第一任总经理。这位年轻人怎么也没有想到，自己一个好心的举动，换来的竟是一生辉煌的回报。

这个酒店就是美国喜来登酒店，这个服务生叫钱博特。

乐于帮助别人的人运气都不会差。也许并不是每个人都能像钱博特一样走运，但他们这种乐于付出的精神，至少会使他们拥有豁达的心态，不去计较得失，也很少怨恨别人。因此，他们常常拥有宁静的心灵和恬淡的态度。所以，在力所能及的情况下不计回报地帮助别人，永远都是值得提倡的。

【忙爸爸一分钟教子金句】

帮助遇到麻烦和困难的人，也许只是举手之劳，却可能播下了一颗善良的种子。帮助别人的同时，自己也会收获快乐和价值感。在他人心中种下美好的心灵果实，也会令自己受益一生。

……第五节……………………

看淡财富，享用但不为之所累

每个人都生活在一个充满物质的环境里。因此每个人都会有一定的物质追求，孩子也不例外。当他们逐渐产生个体意识，同时又慢慢接触更多的人、事、物时，他们会逐渐了解到金钱在生活中的作用和地位，当然也会对金钱产生自己的看法。

有些孩子在成长过程中，被别人家的豪宅名车、奢华用品所诱惑，认为金钱就是代表地位、代表人生的幸福，于是他们对金钱产生了崇拜，在长大后盲目地追求财富。这其实曲解了金钱的意义。人生的幸福并不与财富成正比，金钱也不是人生的万能钥匙。相反，财富太多，有时还会是人生的一种负累。

希腊女船王的小女儿在年仅2岁时就已经坐拥金山——拥有40亿美元的财产。但她并没有因此享受到快乐，反而感到无尽的恐惧。原来，她每周都要收到50多封恐吓信。为了她的安全，女船王不得不将她关在看守森严的别墅里。在这个小女孩的人生中，巨额的财富带给她奢侈的物质享受的同时，也剥夺了她的自由。

对金钱不正确的理解，很可能导致孩子将来的人生道路偏离正轨，让孩子在生活中迷失，不知道真正的幸福是什么。所以，为了不让孩子对金钱有不当的理解和渴望，爸爸有必要帮助孩子树立正确的财富观。

★ 贪婪会让人迷失自我

从前有一个农夫，他有一块属于自己的小田地，每天的工作就是在这块并不肥沃的土地上耕作，他非常劳累，但收获并不如意。一位天使看到了他的境遇，顿生怜悯，对他说："只要你能不停地往前跑，跑满一圈，跑过的地方就都归你。"农夫听了高兴极了，立刻拔腿跑起来。跑了很久之后，他筋疲力尽，但他想到，自己多跑一会儿就能多得到一些土地，便舍不得停下来，继续不断地向前跑。这时天使好心地提醒他："你该往回跑了，不然你最后可能什么都得不到。"但农夫听不进去天使的劝告，他只想去征服更多的土地。最终，他心力衰竭，倒地死去。

很多孩子小时候对金钱并没有正确的认识，只是一味地追求自己喜欢的东西，比如好看的衣服、昂贵的玩具，长大后还可能觊觎高端消费，坐拥名车豪宅等。孩子的这些念头如果得不到遏制，就会逐渐演变成贪婪，影响孩子正确的人生观。正如俄国作家托尔斯泰所说："欲望越小，人生就越幸福。"只有当我们将眼界放宽，以平和的心态对待金钱时，我们才能享受到人生中更多的快乐。

因此，爸爸应该从小就给孩子这样的意识：不去追求那些虚无缥缈的物质，也不能每次见到好的、贵的东西都想据为己有。贪婪让人付出代价的同时，绝对无法给人带来幸福和满足。

★ 不要为积累财富而失去生活

著名明星李连杰坦言，自己年轻的时候有过很"财迷"的时期。他"财迷"到什么程度呢？你可能想象不到。当时，在内地，演员拍戏一天只有1块钱的工资，而在香港，一个演员一顿夜宵的费用就是7块钱。这7块钱算是剧组给演员们的补助，李连杰这个年轻的“财迷”就问：我不吃夜宵，可不可以给我7块钱——活脱脱一个“葛朗台”。

慢慢地，年轻的李连杰迅速积累了财富。然而，金钱所带来的成就感并没有持续很长时间。他在经历了自我中心、自我膨胀、自我痛苦的阶段之后，忽然对“钱”产生了怀疑，他甚至想到了隐退。因为他发现，物质不能满足自己心灵上的要求。

他开始问自己：生命的意义到底是什么？

经过漫长的思考之后，李连杰得到了答案。他说：“只有把自己的物质欲望减到最低，才能得到最大的快乐。”

他这么说并不是“矫情”，而是发自内心跟大家分享心得。他办慈善基金，又零片酬出演了电影《海洋天堂》；他把自己应得的那一部分收益都捐给了那些患有自闭症、失明、白内障等的弱势群体。他意识到，就算他全身心都钻到“钱眼儿”里，永远都会有比他更富有的人。与其做金钱的奴隶跟着钱跑，不如放自己一马，做更多有意义的事。

《塔木德》中有这样一句话：“上帝把钱作为礼物送给我们，目的在于让我们购买这世间的快乐，而不是让我们攒起来还给他。”而“世间的快乐”，我们可以理解为事业成功带来的成就感、不断创造更高价值的满足感，但绝不是为了积累财富没完没了地打拼。

所以，爸爸应该告诉孩子，聪明的人让财富为我所用，而不是把自己变成财富的奴隶。

当然，教育孩子的前提，是自己先做一个不过分追求物质的人。如果爸爸常年穿戴名牌，一回家就议论谁家买了大房子、买了跑车，那么孩子耳濡目染，自然也会关注和重视物质。如果爸爸在家中很少谈论物质、财富，而是经常和孩子讨论时事、共享书籍等，那么孩子一定是一个精神层面丰富而不过分

看重物质的人。

【忙爸爸一分钟教子金句】

财富是把双刃剑，它的确能给人带来舒适的生活，但也可能是潜在的危险因素。若孩子从小喜欢攀比、喜欢名牌，那么他将来的人生可能会过于看重财富，而很少能感受到快乐。财富并不与快乐成正比。如果爸爸能教给孩子感知幸福的能力，那么孩子不管将来有多少财富，他都将是一个快乐的人。

……第六节…………………

增强适应力，孩子到哪都快乐

有一只乌鸦打算飞往他乡，途中遇到一只鸽子，它们俩停在同一棵树上休息。鸽子看见乌鸦满脸的忧伤，就问乌鸦为什么要背井离乡。乌鸦伤心地说："其实我也不想离开这里，可是这里的人都不喜欢我的叫声，都驱逐我，所以我没有办法，只得离开。"鸽子说："你也别费力气了，如果你不改变自己的声音，无论你飞到哪里，别人都会驱逐你的。"乌鸦不以为然地飞走了，但果真像鸽子说的那样，无论它在哪里叫，都会被人驱赶。

这是一个非常经典的小故事，它所蕴含的道理是：一个人能否融入环境，大部分原因在于自己的表现，而不是环境本身。

每个人的一生中都要接触无数种不同的环境。一个人能否在社会上很好地立足，从某种程度上来说，其实就看他能否很好地适应不同的环境。一个难以适应环境的人，注定是一个不被喜欢和接受的人。

对孩子来说，小时候大部分时间都是在熟悉而简单的环境里生活度过的，如家庭、幼儿园。即使偶尔到陌生的环境去，也有爸爸妈妈的陪伴和保护，所以适应能力看不出有多重要。而孩子大一些之后，就会离开爸爸妈妈的保护，接触更多样的环境。这时，孩子的适应能力就显得非常重要了，它将决定孩子在其他的环境中是否受欢迎、被接纳，也决定孩子在不同的地方是否会快乐。另外，在竞争激烈的今天，如果孩子无法适应新的环境，或者适应环境太慢，都会成为日后工作生活的一大阻碍。因此，在孩子的成长过程中，爸爸有必要通过一些方法来提高孩子的适应能力。

★ 消除孩子对父母的过度依赖

能够快速适应陌生环境的孩子，通常是比较独立的，即使在家庭生活当中，也不会过于依赖父母。而那些从小到大除了上学几乎没离开过父母的孩子，独自面对陌生环境时往往都不太适应，或者不太有信心。所以，爸爸要尽早培养孩子的独立意识，不要总将孩子揽在自己的怀里，适当地和孩子分离，让他多和其他人在一起。

★ 提高孩子的交际能力

任何环境说到底都是由人组成的。要想提高孩子的环境适应力，就要多和各种各样的人接触，提高孩子的交际能力。因此，爸爸要让孩子“独立”地去和他人打交道，孩子独自出门也好，自主地交朋友也好，爸爸都要秉持尊重的原则，不要过多地插手。

提高交际能力的另一个法宝是“热情”。一个不热情的人，在人际交往中也很难顺风顺水。热情的人会给他人一种积极向上的精神，并善于创造一种令人心情愉悦的氛围。每个人都喜欢和热情的人在一起，这会使我们心情舒畅，自己的态度也会变得积极起来。美国思想家拉尔夫·沃尔多·艾默生曾经说过：“有史以来，没有任何一项伟大的事业不是因为热情而成功的。”“任何一项”当然也包括人际关系。所以，爸爸要教会孩子带着热情与他人交往，这可以让孩子成为一个受欢迎的人。

另外，爸爸还要教会孩子关爱别人、尊重别人，遇事学会忍让，注重和他人的交流。这对孩子独自适应环境十分有益。

★ 爸爸对孩子不要过度保护

每个爸爸都是爱孩子的，但有时过度的爱对孩子来说是一种过度保护。

有一个名叫天鹅的湖，湖的中心是一座小岛，岛上住着一个老渔翁和他的妻子，他们已经在这里生活了很多年。有一年秋天，一群天鹅来到岛上。渔翁知道，它们是从遥远的北方飞过来，准备去南方过冬的。老夫妇看到这些远方来客觉得很高兴，就拿出一些饲料和小鱼来招待它们。天鹅吃得很开心，竟然就在这片岛上留了下来。到了冬天的时候，湖面冻结，天鹅无法活动，老夫妇就打开门，让它们进屋取暖，并继续给它们食物。这样的关爱持续了一年又一年，直到老夫妇死去。而就在同一年，那些天鹅也因为失去飞往南方的能力，在冬天湖面封冻的时候全部冻死了。

除了事例中所说的之外，爸爸对孩子的过度保护还表现在：出于对孩子的保护，告诉孩子世界丑陋、危险的一面，以防孩子独自一人面对的时候被伤害。这种提醒是必要的，但如果爸爸过于渲染丑恶面，就会让孩子对家庭之外的环境产生惧怕心理，势必会影响孩子适应环境的能力。

这两种过度保护均会使孩子的独立生活能力降低，对外界产生抵触感，最后甚至不能在没有父母陪伴的环境下生活。虽然爸爸是出于爱孩子的目的，但这种爱最终却成为孩子融入社会的障碍。

爸爸可以对孩子适当保护，但千万不可过度保护。应该给孩子一片相对自由的天空，让孩子自己去感受、去体验。爸爸可以告诉孩子世间的凶险，但也一定要告诉孩子世间有很多的美好，这样孩子才不至于对这个世界望而生畏。

每个孩子都是爸爸的心头宝，孩子小的时候，爸爸会尽自己所能让他幸福、安全、快乐；但当孩子长大，要自己闯出一片天空时，培养较强的适应能力才是让孩子保持快乐的方法。所以，在爱孩子的同时，不要忘了适度放开孩子的手，让他去接触外界、适应外界，摸索和提高适应环境的能力。

【忙爸爸一分钟教子金句】

澳洲心理学家斯长里说过这样一句话："要想取得成功，就得顺应潮流，切不可不知变通地逆流而动。"适应是人类生存的一种基本技能。爸爸给孩子最好的爱，就是教他改变自己、调整自己，努力适应外面的环境。这样，孩子每到一处，都能保持快乐、自在。

……第七节…………………

适当拒绝，孩子是自己人生的主角

相信每个爸爸都曾有过这样的体验：劳累一天之后很想回家休息，但同事恰巧邀请自己去喝酒，不好意思说“不”，于是只好拖着疲倦的身体去应酬；面对别人过分的要求，自己也知道没必要答应，但由于抹不开面子拒绝，于是只好全然不顾自己的感受，而去没完没了地帮助别人……

这种种事实都表明，不会拒绝是一件可悲的事情，它会把你的生活搅得一团糟。正如美国幽默作家比林所说：“一生中的麻烦，有一半是由于太快说‘是’、太慢说‘不’造成的。”一个不懂得合理拒绝的人，人生将会因此增添无数的烦恼。所以，爸爸要从小就教育孩子如何合理地拒绝别人的要求。

★ 让孩子分清什么该帮、什么不该帮

孩子能够帮助别人做一些力所能及的事情，是善良的表现；有人来找孩子帮忙，也说明了孩子的人缘好。但如果孩子对于别人不合理的要求都应承下来，那就会失去自我，活在为别人忙碌的生活中。所以，合理拒绝也是爸爸应该教给孩子的道理。

那么，哪些事情孩子应该拒绝，哪些应当尽量伸出援手呢?

对于一些合理的要求，孩子应该尽量予以帮助，而对于一些不合理的要求则应果断拒绝。

所谓正确，就是孩子要帮的事情不能是坏事，如把作业借给同学抄、替同学向老师撒谎等；孩子要帮的应该是对同学真正有帮助的事，比如给同学讲解题目、请没带伞的同学一起打伞等。

所谓合理，就是孩子对别人的帮助要在适度的范围之内，不能帮了别人而过分苦了自己。慈善大使李连杰曾经说过："即使是做慈善，也要在自己的生活质量不降低的情况下做。以免帮助了别人，自己又成为另一个需要帮助的人。"的确，如果孩子为了帮助别人让自己陷入困境，其实并不是什么好事。所以，爸爸要让孩子明白这样一个道理：帮助别人要有度。比如，孩子偶尔向忘记带餐费的同学分享午饭是可以的，但长期把自己的饭让给同学吃而自己饿着肚子则是不好的。

★ 帮助别人应该是"雪中送炭"

爸爸应该让孩子懂得，帮助别人应该是"救人于危难""雪中送炭"的事情。比如，邻班的同学忘记带语文书，而下一节就是他们的语文课，孩子可以在不影响自己学习的前提下将课本借给他。爸爸应该让孩子明白，这种比较着急的事情，或者他人因一时疏忽而造成的困难，孩子应该尽自己的能力帮助别人。

反过来，如果对方是为了偷懒、方便自己而请求帮助，孩子则大可理智地拒绝。比如，同学上课的时候因为懒而不愿意做笔记，拜托孩子多抄一份笔记给他，这样的帮忙其实是害了同学，会导致同学日后上课精力更加不集中、学习下降。所以，对于这种请求，爸爸应该教给孩子拒绝的方法。

★ 答应和拒绝都要有技巧

有人求助于孩子，不管孩子是答应还是拒绝，都需要一定的技巧，否则可能会影响孩子的人际关系。

即使孩子想要答应别人的要求，也必须"三思而后行"。有的孩子经常不假思索就答应别人的要求，而在事后又发现事情有点难度，或者自己并不愿意帮这个忙，那么就会导致别人的希望落空，既影响彼此的心情，也会影响自己的信誉。所以，爸爸要教导孩子，遇到别人的事情别急着拍胸脯，先想想自己能不能做、愿不愿意做。一旦答应下来，就要力争做到、做好。

拒绝别人的时候更要讲究技巧。孩子之间的友谊也需要呵护，因此爸爸要教育孩子，拒绝别人不要太直接，也不要表现得过于决绝，否则可能会破坏彼此之间的关系。爸爸可以模拟情景，让孩子学习拒绝的技巧。另外，也可以让孩子扮演提出请求的那一方，让他切身感受一下，如何被拒绝才不会太失望、伤自尊。爸爸还可以教孩子一些常用的委婉拒绝话语，比如“我再考虑考虑”“我很想帮可是能力不够”，这都是保护对方面子和彼此关系的回答。

爸爸不要觉得教孩子拒绝别人是件难以启齿的事，甚至嫌麻烦干脆不教孩子。其实，从不会拒绝到开始有选择地拒绝，再到很聪明地拒绝，孩子在这个学习过程中能够不断提升情商。当孩子学会拒绝之后，他既不会成为没有原则的“老好人”，也不会因为拒绝别人而失去朋友。

【忙爸爸一分钟教子金句】

帮助别人的人常常有好人缘，拒绝别人则可能失去一个建立亲密关系的机会。但不懂拒绝的人，他的一生是劳累的；事事拒绝的人，他的人生是清冷的；懂得合理拒绝的人，他的人生才是最幸福的。因此，拒绝什么、怎样有技巧地拒绝，是爸爸应该传授给孩子的一项技能。

……第八节…………………

轻松应对，幽默的人生不苦情

在《爸爸去哪儿》中，节目组给Kimi、王诗龄和天天安排了这样一个任务：到村里去找一个1岁左右的小孩，并照顾他。没多久，他们就找到了合适的人选。他们热情地照顾这个小弟弟，还主动帮弟弟洗衣服。

三个人热火朝天地打水、倒洗衣液、揉搓衣服，也许是干得太起劲，Kimi在打水时竟然一头栽进了洗衣服的水池里。好在节目组专门负责孩子安全的工作人员就在旁边，一下子将Kimi从水中拎了出来。获救的Kimi已经全身湿透，加上突然掉进去的惊吓，一般的孩子可能早就哇哇大哭。但Kimi一点负面情绪都没有，他乖乖地接受工作人员给自己换衣服、擦脸的照顾，甚至还自己开起了玩笑："掉到水里太好玩了，我好好笑……像结婚那样我爸爸跳水，脱衣服跳水里了……"（Kimi的爸爸妈妈结婚的时候，爸爸也这样玩过。）

一个玩笑，Kimi就将所有人的担心和害怕都打消了，气氛开始变得轻松起来。Kimi幽默、可爱、勇敢的表现，也给人留下了深刻的印象。

其实生活中很多时候都是这样，不好的事情用戏谑的语言表达出来后，心里感觉会变得轻松一些。这就是幽默的力量。懂幽默的人更有魅力，他的人生会更精彩欢乐一些。就像老舍先生说的那样："幽默者的心是热的。"苏联著名教育家苏霍姆林斯基也说："如果你具有幽默感，那么，最紧张的、有时能引起长时间气愤的局面就都可以得到缓和。"可见，幽默的人不仅能使自己的人生更精彩，也会使周围的环境变得轻松、和谐起来。培养孩子的幽默感，就相当于给孩子传授了一个终身快乐的法。

★ 先做个幽默的爸爸

幽默的老爸是魅力十足的，也是令孩子喜爱的，同时也是孩子学习幽默最好的榜样。在平时的生活中，爸爸不妨调动起自己的幽默细胞，多用轻松、愉快的方式来和孩子沟通，时间久了，孩子自然也会变得幽默起来。

阳阳在书桌前写作业，爸爸从旁边经过，看见阳阳写的字很宽。于是，他张口说道："儿子，你这字吃了什么好吃的？怎么这么胖？我觉得它们该减减肥了。"阳阳顿时被爸爸逗乐了，同时也欣然接受了爸爸的建议。

爸爸无论是给孩子提意见，教育孩子，还是跟孩子进行情感交流，幽默的沟通方式都会为此加分，也更容易让孩子接受。同时，这样轻松的氛围也会逐渐感染孩子，让他也变成一个幽默的人。

★ 让孩子每天清晨带上快乐

一个人要想有幽默感，就要有一个乐观的心态，对什么事情都抱着愉快的心情去看待。只有能看到别人的可爱之处、看到事情好的一面的人，才有幽默的素材和灵感。

某个水手和朋友在一起聊天。朋友问他："水手的工作好玩吗？"水手回答："在我看来是十分有趣的，否则我也不会把它当作我毕生的事业。”

朋友又问：“水手的工作不是很危险吗？你是怎样保持这份乐观的？”

“我的爷爷是水手，他最后死在海上；我的爸爸也是水手，他最后也死在海上。”水手慢悠悠地说。

“你并没有正面回答我的问题。不过既然如此，更证明大海是无比危险的，你为什么还要做水手？”

水手笑笑，反问他：“请问你的爷爷死在哪里？”

“死在床上。”朋友回答。

“你的父亲呢？”水手又问。

“也是死在床上。”

水手看着他的朋友，笑着说：“这么说来，床也是很危险的。那你为什么每天还要睡在上面呢？”

朋友顿时哑口无言。

如果我们也能像水手那样豁达，那样乐观地看待问题，那么世上所有的烦恼、困难，我们就都能快乐地面对它们了。并且，它们都能成为我们幽默的内容，给我们的生活增加调味剂。

★ 教孩子一些幽默的技巧

幽默是一种智慧，也是一门学问。爸爸可以教孩子一些幽默的基本要素，让孩子掌握一些幽默的技巧。比如，幽默常常可以用夸张、幼稚、反语等来体现。只要孩子肯思考，很多问题其实都可以通过幽默化解的。

幽默其实也是一种能力，当孩子体会到使用幽默的乐趣时，这种能力就会随着经常使用而变得越来越强。当孩子以这种乐观、豁达、幽默的态度对待生活时，生活也同样会回报他以笑容。所以，爸爸多运用幽默来丰富自己和孩子的对话吧，你和孩子最终会尝到甜美的果实。

【忙爸爸一分钟教子金句】

懂得幽默的人，他的人生就像氢气球，总是轻松、悠闲地飘着；不懂幽默的人，他的人生就会像铅球一样沉重。培养孩子幽默的能力，其实就是给孩子的整个人生插上了快乐的翅膀。